LE TEMPLE DE LA SAGESSE OUVERT A TOUS LES PEUPLES.

DESSEIN DES PEINTURES de la Grande Cour du College de la tres-ſaincte Trinité.

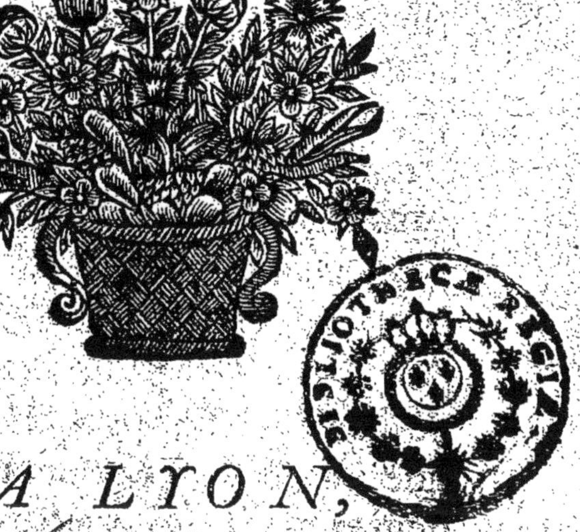

A LYON,

Chez ANTOINE MOLIN, vis à vis le Grand College.

M. DC. LXIII.

AVEC PERMISSION.

A MONSEIGNEVR
CAMILLE
DE NEVFVILLE
ARCHEVESQVE

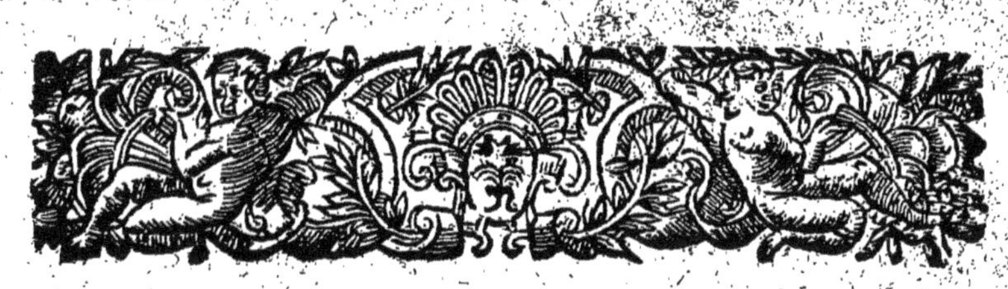

A MONSEIGNEVR
CAMILLE
DE NEVFVILLE
ARCHEVESQVE
ET COMTE DE LYON;

Primat des Gaules, Commandeur de l'Ordre du S. Esprit, & Lieutenant dans la Prouince.

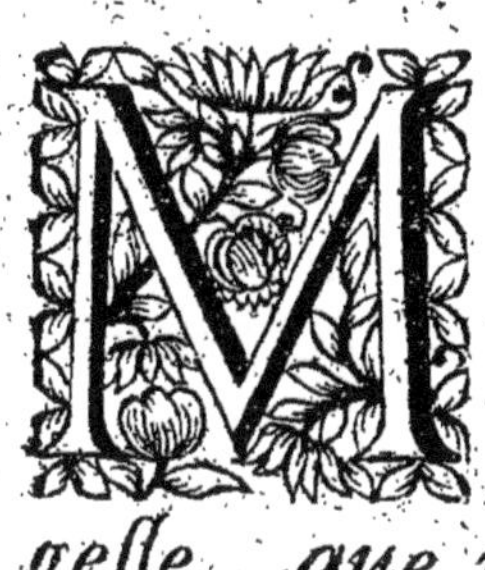

ONSEIGNEVR,

Le Temple de la Sagesse, que nous ouurons à toutes les Nations du Monde, dans l'enceinte d'vn College, qui doit son progrez & ses ornemens à vostre Grandeur, fait

 le

le Tableau de vostre Vie, & l'Image la plus iuste de vos Mœurs, puisque vostre cœur est un vaste Sanctuaire que la Sagesse n'a pas moins ouuert à tous les Peuples que consacré à toutes les Vertus. C'est MONSEIGNEVR, *un aduantage assez rare que celuy de la Sagesse, les Politiques les plus fins n'en ont souuent que l'apparence, & les plus heureux ne la doiuẽt qu'à de longues experiences, & à beaucoup de mauuais succez. La vostre n'a point eu de si rudes tentatiues, ny de si fâcheuses épreuues; elle est née auec vous, & c'est un priuilege de vostre Sang de naistre auec cét auantage. Vos Ancestres ont fait de la Famille de Villeroy, une Famille de Sages, & cette illustre Maison nous en a déja plus fourny que les Escoles d'Athenes, qui en tenoient Academie. On est assez en peine de dire ce que c'est que cette Sagesse, les uns en*

font

font vn amas de Regles & de Preceptes, vn extraict de finesse & de Politique, & vn mélange d'adresse & de Vertu. Quelques autres en disent moins en voulant dire d'auantage. Ce sont ceux qui disent qu'elle est vn grand Tout dont les parties sont extraordinaires. Enfin il en est d'autres qui en font vne suite d'experiences, iointes à vn Esprit penetrant & à vn solide iugement, qui sont des pieces assez rares & difficiles à assembler. Mais ie diray plus que tous ces Maistres, quand ie diray que c'est vostre sage conduite qui en est l'Image parfaite, & l'Idée la plus iuste.

En effet, MONSEIGNEVR, *la Sagesse n'est pas vne sçauante de Maximes & d'Aphorismes, ny vn Colosse demesuré qu'on ne meuue que par ressorts. Elle est vn Temple où se rendent tous les Oracles, vn Sanctuaire ouuert à tout le Monde, &*

vn Autel où l'on quitte toutes les foiblesses de l'homme pour prendre des sentimens plus épurez. La Raison est la seule Diuinité à qui ce Temple est consacré, & semblable à l'Autel de l'Arche des Alliances, elle ne souffre point d'Idoles, ny de Sacrifices prophanes. Ce Temple n'est pas des plus frequentez, il a peu d'adorateurs, & l'on y trouue souuent plus d'hypocrisie que de veritable veneration : plusieurs y entrent pour receuoir la fumée des parfums que l'on brûle sur ses Autels; mais il en est peu qui y viennent offrir leurs Vœux. Ie veux dire, MONSEIGNEVR, *qu'il en est beaucoup qui se contentent d'vne Sagesse apparente, que l'on parfume en Public, & qu'il en est peu qui s'attachent à celle de retraite & de cabinet, qui fait les Sages acheuez. Ces Sages de montre sont des Cameleons de la Fortune, qui changent de couleur à toutes sortes*

d'objets

d'objets, & se repaissent de vent. Ils appellent Prudence une foiblesse d'esprit, qui sçait plier à tout, & s'accommoder à toutes choses. Les Sages au contraire sont les miroirs du Monde, dont ils ne reçoiuent les lumieres que pour les rendre. Ils se defont aussi aysément des impressions differentes, qu'ils les prennent facilement pour s'accommoder à la diuersité des affaires, qu'ils demeslent & qu'ils debroüillent. C'est en ce point, MONSEIGNEVR, que vostre Conduite est merueilleuse, elle est également reglée dans l'inegalité des éuenemens. Vous estes aussi de ces Sages de tous les Temps, dont les Maximes ne dependent ny du hazard ny du bon-heur. La Prudence est la seule regle de vos mouuemens, & comme elle n'est pas moins agissante qu'éclairée elle n'est iamais embarrassée ny surprise.

Vostre Ame est une Ame vraye-

ment

ment Romaine. Ie veux dire de ces Ames de l'ancienne Republique, qui commandoient à tous les Peuples. Il semble que la Naissance vous ayt inspiré les grands sentimens qui animerent ces Maistres du Monde, & que vous ne commençates de voir le iour où tant de Heros l'auoient receu, que pour vous remplir de toute leur Sagesse.

Le Nom mesme que vous receutes en fut vn presage, & ce fut l'Oracle de l'Eglise qui vous le donna, afin que l'on ne doutât point qu'il n'y eût du Mystere dans ce Nom, & que vous succederiez vn iour à la reputation des Camilles, & de tant de braues Romains.

Les leçons Domestiques que vous receutes depuis, & les grands exemples de vos Ancestres vous firent la plus belle des Academies. Vous n'eutes besoin que des memoires de vostre

Ayeul

Ayeul, & des instructions de vostre Pere pour acheuer ce que la nature auoit commencé. Vous trouuates dans le Genie de l'vn & de l'autre, ce qui fait les hommes d'Estat, & vous les auez si parfaitement copié, que vous possedez toutes leurs lumieres. Vous auez cette vûe perçante, qui leur fit penetrer tous les replis des affaires les plus broüillées; vous agissez auec cette fermeté, qui leur fit vaincre tant d'obstacles; & vous allez au deuant des éuenemẽs auec cette Prudence incomparable, qui leur fit entreprendre auec succez des choses si douteuses en apparence, & si difficiles à executer. Enfin MONSEIGNEVR, *vous soûtenez hautement cette Sagesse heureuse des Villeroys, qui fut si formidable aux Estrangers, si vtile aux AllieZ, & si auantageuse à ce Royaume.*

Nous n'aurions qu'à representer

les temps facheux des desordres de la France, pour en donner des temoignages infaillibles, si ce n'estoit vne espece d'iniustice, de renoueler le souuenir d'vn temps funeste que les douceurs de la Paix doiuent auoir enseuely. Il suffit de faire voir aux Estrangers la tranquillité de cette Ville, & le bon-heur dont elle iouyt, sous le plus heureux des Gouuernemens; pour leur persuader que c'est vne Sagesse aussi reglée qu'agissante, qui nous maintient dans ce repos. Nous adjoûterons à la gloire de tant de soins, l'affection que vous auez pour les Gens de Lettres, qui s'attachent à vne Sagesse paisible & retirée. Vous les fauorisez, MONSEIGNEVR, *d'vne protection singuliere, vous les animez dans leurs entreprises, & vous leur faites voir ce Siecle d'or des Sciences, que nous ne trouuions plus que dans nos Liures,*

&

& dans les Fables de nos Poëtes.

Cette Academie n'a pas assez de langues pour publier les bien-faits qu'elle reçoit tous les iours de vostre Grandeur, & quand elle aura revny toutes les Sciences qu'elle professe, pour témoigner sa reconnoissance, elle n'aura iamais asseZ de lumieres pour couronner la source de tant de bien-faits.

C'est pour ce sujet, MONSEIGNEVR, *que nous auons emprunté le secours de la Peinture, & meslé toutes ses couleurs aux rayons du Soleil, au lignes de la Gnomonique, & à tous les traits sçauans de l'Histoire, & de l'Erudition, pour faire du moins vne ébauche de tant de qualiteZ eminentes, qui font de vostre Grandeur le modelle de la Sagesse. Rome ajoûtera vn iour à ces Couleurs, celle qui est dûe à vostre merite. Elle la doit à son Camille, au Primat des Gaules*

au

au plus zelé des Prelats, & au plus Sage des Romains. Ce sont, MONSEIGNEVR, *les Vœux de nostre Compagnie, & ceux de cette Academie, qui s'auoüe vostre obligée, & moy en particulier qui suis,*

MONSEIGNEVR,

De Vostre Grandeur,

Le tres-humble tres-obeïssant & tres-obligé Seruiteur.
CLAVDE FRANÇOIS MENESTRIER de la Comp. de IESVS.

A MESSIEVRS
LES PREVOST DES MARCHANDS ET ESCHEVINS DE LA VILLE DE LYON;

Presidens, Iuges, Gardiens, Conseruateurs des Priuileges Royaux des Foires de ladite Ville.

Messire MARC-ANTOINE DV SAVZEY, Seigneur de Iarnosse, & la Moliere, Conseiller du Roy en ses Conseils, Lieutenant Particulier en la Senéchaussée & Siege Presidial de Lyon, Preuost des Marchands.

Nobles DOMINIQVE DE PONT-SAINT PIERRE, ROMAN THOMÉ, CLAVDE PELLOT, & IEAN ARTHAVD, *Bourgeois, Escheuins de ladite Ville.*

SI l'Antiquité a consacré des Temples aux Diuinitez Sçauantes, où le luxe employa les Ouuriers les plus excellens, & la Matiere la plus pretieuse ; il est iuste de leur dresser en ces Siecles glorieux des Academies illustres, puis que les Lettres font l'vn des plus riches ornemens du Monde, & la gloire la plus solide & la plus durable des Villes. C'est sans doute, MESSIEVRS, ce qui a obligé vos Deuanciers à ietter les fondemens de ce College, & à luy donner cette vaste estenduë de bastiment, qui fait l'admiration des Estrangers, & l'vne des beautez de cette Ville. Ils voulurent reparer la reputation du Temple celebre, qui fût basty autrefois à la Deesse des Sciences, aux frais de soixante Prouinces, & renouueler la gloire de ces disputes celebres, qui firent trembler les Orateurs les plus fermes deuant l'Autel de Minerue. Vous auez ajoûté vn nouueau lustre à leurs desseins, & pour faire à cette Maison vn sort semblable à celuy de Lyon, vous

auez

auez voulu effacer toutes les marques funestes de l'incendie qui le consuma il y a prés de vingt ans, & le rendre plus magnifique aprés cét insigne malheur.

Cette generosité nous oblige, MESSIEVRS, à reconnoistre les bienfaits que nous receuons de vos soins, & à faire contribuer toutes les Sciences à vostre gloire, puisque vous n'épargnez rien pour leur acquerir de l'éclat. Nous pouuons neantmoins si peu en vostre faueur, que nous sommes obligez de nous seruir de vos liberalitez mesmes, pour vous donner des marques publiques de nos reconnoissances. Vous nous en auez fourny la matiere dans ces Peintures qui decorent le lieu de nos assemblées Publiques, & si nous auons tasché de leur donner vne forme ingenieuse, ce n'a esté que pour ap-

prendre

prendre à tout le Monde, en autant d'Images, & de Figures, que les Sciences ont de formes differentes que nous sommes,

MESSIEVRS,

Vos tres-obeïssans & tres-obligez Seruiteurs, les Peres de la Compagnie de IESVS, du College de la tres saincte Trinité.

LE TEMPLE DE LA SAGESSE OVVERT A TOVS LES PEVPLES.

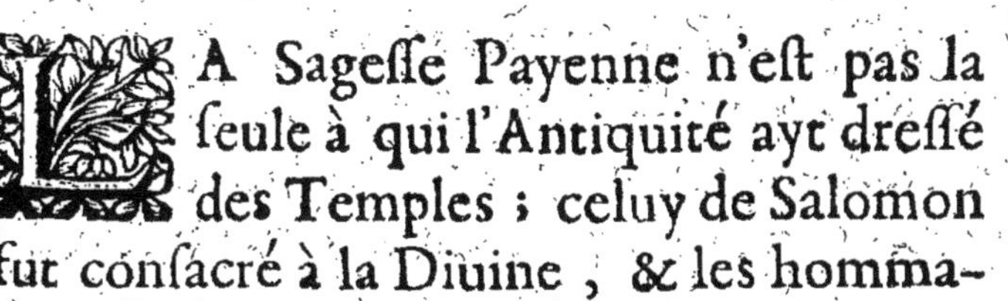

LA Sageſſe Payenne n'eſt pas la ſeule à qui l'Antiquité ayt dreſſé des Temples ; celuy de Salomon fut conſacré à la Diuine, & les hommages de l'eſprit qu'elle receut dans cét Auguſte Sanctuaire luy furent plus agreables que la fumée pretieuſe de l'Autel des parfums, & le ſang d'vn nombre presque infiny de Victimes egorgées. L'Empereur Iuſtinien, qui a donné des Loix à tous les Peuples, & des Regles à la Iuſtice pour répondre aux heureux preſages de ſon nom, voulût que les Chreſtiens euſſent vn Temple dedié à cette meſme Sageſſe, auſſi bien que la Synagogue, & ce fût pour ce deſſein qu'il éleua la Magnifique Egliſe de ſaincte Sophie dans la Ville de Con-

2. Paralip. cap. 5. & 7. 3. Reg. 8.

Procop. l. 1. de ædif. Iuſtin. Euagrius.

ſtantinople. Dieu luy meſme en dreſſa le Plan,& comme Salomon receut la Sageſſe dans vn ſommeil extatique, cét Empereur aprit dans vn ſemblable repos la forme qu'il deuoit donner au Sanctuaire qu'il auoit à luy dreſſer. La matiere n'en fût pas moins pretieuſe que le deſſein en fut Auguſte. Iuſtinien mit la premiere pierre de ſes propres mains, aprés que le Patriarche Eutyche l'eut benite,& dix mille Ouuriers y trauaillerent inceſſamment ſous la conduite de cent maiſtres les plus experts, & les plus habiles du Monde, dont maiſtre Ignace fut le Chef. L'heureuſe rencontre du nom de l'Intendant de cét Edifice ſacré auec noſtre Fondateur a donné ſujet à deux des plus ſçauantes plumes de ce Siecle, de faire vn Parallele ingenieux de ce Temple auec noſtre Compagnie;& de noſtre Inſtituteur,auec ce celebre Architecte. C'eſt auſſi ce meſme deſſein qui nous reſte à exprimer ſouz le Portique de l'entrée de ce College, où nous deuons repreſenter le zele de Iuſtinien, les ceremonies du Patriarche,les ſoins des Magiſtrats, la conduite de ſon Entreprenneur, & le trauail aſſidu des Ouuriers pour faire les Emblemes du zele de ſa Majeſté, & de ſa Royale Protection

Theoph. Raynaud. in hagiologio Lugdunẽſi p. 440 vbi de S. Ignat. Præſtite Lugdun. Garaſſus en ſa ſomme Theolog.

Protection enuers nostre Compagnie, de l'affection singuliere de Monseigneur l'Archeuesque, des liberalitez de nos Magistrats, de l'Esprit de S. Ignace, & des employs de ses enfans, en l'education de la Ieunesse. L'Image de Salomon placée dans l'extremité de ce Portique en estat d'admirer ce Temple, comme elle fut placée dans celuy de saincte Sophie, exprimera l'estonnement des Estrangers à la vûe d'vn College si Magnifique.

Ce Temple de la Sagesse ouuert à toutes les Nations, n'est pas seulement le symbole de nostre Compagnie estenduë par tout le Monde, où elle tâche de s'employer à estendre la gloire de Dieu, & à seruir le Prochain : Mais il semble faire vn dessein particulier à cette Ville & propre de ce College. Il est particulier à cette Ville parce qu'il a rapport au Temple celebre qui y fut dressé à Auguste aux frais de soixante Nations, dont les noms & les Images estoient grauez dans son pourtour, & comme ce Temple fut dedié à Minerue dont il a retenu le nom iusqu'à present, ce fut à la Sagesse Payenne qu'il fut particulierement destiné, puis que cette Diuinité en estoit le symbole chez les Anciens. Il est

Templum ab omnibus communi sententia Gallis decretum Cæsari Augusto ad hanc vrbem ad concursum fluuiorum est positum. Aram habet hoc memorabilem cum inscriptione gentiū LX. numero, & imagines singularum. Strab. l.4.

Athenæum.

auſſi propre à ce College qui par vne Prouidence ſinguliere ſemble auoir eſté choiſi de Dieu pour eſtendre l'Empire de la Grace dans les Prouinces reculées. Le P. de Canillac & ſes Compagnons en ſortirent pour donner commancement à la Miſſion de Pera aux portes de Conſtantinople. Le Pere Ennemond Maſſe Lyonnois, & le Pere Biard y receurent les lumieres qu'ils ont portées les premiers dans les Foreſts du Canada. Le P. Poſſeuin apres y auoir triomphé de l'Hereſie alla arracher des depoüilles à l'Idolatrie dans le fond de la Moſcouie. Le P. Gaſpard Maniglier qui commança la Miſſion d'Alep en Syrie, y a fait voir les premieres eſtincelles de ſon zele. Le P. Alexandre de Rhodes, qui a porté les conqueſtes de l'Euangile au delà de celles d'vn Victorieux du meſme nom, & fait connoiſtre I. C. dans les vaſtes Prouinces du Tunquin ſortit de cette meſme Academie. Le P. Faber, qui s'eſt acquis la reputation d'vne ſainƈteté incomparable parmy les Barbares, dans le Iapon, dans la Chine, & dans la Tartarie, où il penetra le premier, y a fait autrefois vne partie de ſes eſtudes. On y a eleué des Anglois pour la Conuerſion de leur Pays, & le le P. Critton, qui fut le premier Recteur de ce College fut plusieurs années dans les prisons de la Reyne Elizabeth, pour la defense de la Foy : La Mission de Perse a eu de semblables commencemens, & toute la Chrestienté de ce Pays doit sa conseruation au P. Chezaut. Ce College a encore à present dans la Chine, dans le Iapon, dans le Paraquay, dans le Mexique, dans la Perse, & en diuers endroits de l'Orient, de ses Anciens subjets, qui iustifient qu'il est veritablement le Temple de la Sagesse ouuert à toutes les Nations.

Les quatre premiers ordres de l'Architecture representent la forme de ce Temple sur les trois faces de la Cour, & sur celles des Galleries. Le plus bas, qui sert d'apuy à tous les autres est le Toscan, qui estant le plus simple & le plus solide semble aussi le plus propre à soûtenir tout le poids de cét Edifice que nous auons voulu representer. Il n'a point d'autre ornement que l'Inscription generale grauée sur sa frise, en ces mots.

Collegium Lugdunense Societatis IESV.

Sanctissimæ Trinitati Sacrum

Templum hoc Sapientiæ gentibus apertum omnibus.
Increatæ Sapientiæ D.D.
Vt Scientias omnes illi faciat vectigales.

Il porte immediatement l'ordre Dorique auec ſes pilaſtres, friſes, corniches, retours & autres ornemens. Les friſes ſont chargées de trigliphes qui ſont dûs à cét ordre, & au lieu de metopes leurs interuales ſont remplis des ſymboles ſçauans de chaqu'vne des Sciences qu'on enſeigne en ce College, & dont les figures ſont placées dans les eſpaces des colomnes du troiſiéme ordre, qui eſt Ionique: enfin le Corinthien fait l'acheuement de cét Edifice, dont l'eleuation n'eſtant pas égale en toutes ſes faces, on a ietté des termes, & des ornemens du compoſite dans celles qui eſtoient plus eleuées.

Dans la face du milieu, qui fait comme le centre de ce Temple paroit vn grand Tableau, qui repreſente la Sageſſe donnée à Salomon, pour apprendre par cét Embleme que les Sciences ſont vne communication de la Sageſſe Diuine, & vn écoulement

ment de ses lumieres. Ce Prince y paroit fort ieune, non seulement parce que ce fut en sa ieunesse qu'il recût ce present du Ciel, mais encor parce que c'est particulierement à l'instruction de la ieunesse que s'appliquent les soins de nostre Compagnie. Il paroit dans vn rauissement qui exprime assez bien la satisfaction, que donne la conoissance des lettres à ceux qui s'y attachent, & si sa couronne est à ses pieds c'est pour signifier que ce n'est qu'apres auoir penetré dans tous les mysteres de la Sagesse que l'on merite l'estime des hommes, & l'immortalité, dont les seules Personnes vertueuses & sçauantes se peuuent glorifier. Son manteau Royal de drap d'or fourré d'hermine est le caractere de l'innocẽce & de la solidité qu'il faut apporter à l'estude de la Sagesse, dont la crainte est le commencement, & l'or le symbole de cette crainte par sa pâleur. Ce ieune Prince est à genoux & ioint les mains pour apprendre qu'il faut demander à Dieu les lumieres de la Sagesse auec grande soumission, à l'exemple de ce Monarque.

Initium Sapientiæ timor Domini. Psal.

La Sagesse qui descend du Ciel dans des nuées monstre par cette disposition, & par la couleur de son manteau quel est le lieu de ſon origine, & que c'eſt elle qui diſſipe les tenebres, qui nous la couurent. Elle eſt couronnée d'vn triangle lumineux, qui nous enſeigne que la Sainte Trinité eſt la ſource de ſes lumieres; & qu'elle n'eſt qu'vn rayon reflechy des trois adorables Perſonnes. Elle porte vn Soleil ſur ſa poitrine, qui eſt la raiſon. Elle eſt elle meſme l'intelligence de cét Aſtre qui l'éclaire, & elle le porte par tout. Enfin le liure qu'elle a en main nous ſemble dire que c'eſt dans les liures, que nous reſtent les Oracles de cette Sageſſe ſacrée, qui a fait les Heros Chreſtiens, & tous les Sages du monde.

Les Anges, qui voltigent autour d'elle dans des nuës, ſont les eſprits des hommes ſçauans, qui taſchent de debrouiller les tenebres qui les enuelopent. Ils ne pouuoient eſtre mieux repreſentez, que par ces intelligences, qui ſont de purs eſprits. Les aiſles qu'ils ont au dos ſont l'image de la viſteſſe de leurs operations, & ſi elles leur ſont communes auec la Gloire & la Renommée, elles leur ſont auſſi des gages infaillibles des faueurs de l'vne & de l'autre.

Ce Vieillard peint au deſſus qui s'appuye

puye sur vn globe,& qui semble donner la Sagesse a Salomon, est Dieu, l'Ancien des iours,qui est dans vn repos continuel,quoy qu'il agisse incessamment auec les creatures. C'est de luy,que vient toute la Sagesse & c'est luy qui la distribuë quãd il veut & cõme il luy plait, c'est aussi cequ'exprime la deuise qui sert d'Ame àcet Embleme.

Omnis Sapientia à Domino Deo est, & cum illo fuit semper. *Eccli. c.1.*

Dont l'Apodose ou le sens est exprimé par cette autre sentence d'applîcation, qui rend l'Allegorique au Literal.

Deus Scientiarum Dominus est. *1. Reg. 2.*

Souz ce tableau Principal est l'inscription generale, qui témoigne nostre reconnoissance par vn adveu public des bienfaits que nous receuons depuis longtemps des Magistrats de cette Ville, de l'eclat & de la splendeur qu'ils ont donné à ce College, de son establissement & de ses Progrez,sous quatre de nos Monarques, sous la faueur & l'appuy d'autant de Gouuerneurs & de six ou sept Archeuesques; & plus en particulier nous donnons à la posterité les noms de ceux, qui ont procuré ce dernier ornement à nostre Court.

HANC

Sapientiæ Baſilicam

Auguſtiſsimæ Trinitati ſacram:

CHRISTIANISSIMI REGES,

PROVINCIÆ PRÆFECTI,

Et Ciuitatis Rectores magnific

ad hunc ſplendoris apicem

perduxere

EANDEM

Picturæ Luminibus

Illuſtrari curarunt.

NOBILES VIRI

D. D. MARCVS ANT. DVSAVSEY,

Mercatorum Præpoſitus.

DOMINICVS DEPONSAIMPIERRE,

ROMANVS THOMÉ,

CLAVDIVS PELLOT,

IOANNES ARTHAVD.

Conſules Lugdunenſes,

Anno M. DC. LXII.

Les

Les Anges qui portent des Paniers de fleurs, & qui soustiennent des festons de fruits entre les termes qui semblent porter la seueronde du toit, sont les Sçauans qui recueillent les fruits de leurs trauaux, & qui trouuẽt des fleurs dás leurs estudes. Enfin comme les termes sont les appuys de toutes les Sciences, on ne doit pas s'étonner que nous leur ayons donné rang dans le temple de la Sagesse.

Les entredeux de l'ordre Corinthien ne sont remplis que de tables de Marbre & de festons, qui representent la gloire & l'immortalité des Sçauans dont les noms doiuent estre mis vn iour dans ces tables d'attente pour estre cõseruez, & leurs cendres glorieuses couronnées de ces fleurs.

Sept grandes montres solaires remplissent les autres espaces, & montrent les heures differemment, selon leurs diuerses oppositions auecque le Soleil. La plus grande qui est opposée au midy dans vn tableau mis sur le tout, & placé sur l'ordonnance Corinthienne, & Ionique est faite en ouale rayonnante d'or, remplie du chiffre sacré du nom de IESVS, du mesme metal sur vn champ d'azur, qui fait le blason ordinaire de nostre Compagnie. Ce

Soleil, qui eſt l'aſtre dont nous receuons toutes nos lumieres pour l'inſtruction de la ieuneſſe, & pour la conuerſion des peuples ; que nous taſchons de tirer des tenebres de l'ignorance, des vices & de l'erreur eſt couronné des trente ſept Prouinces de noſtre Compagnie, & d'autãt de Colleges Prouinciaux, qui comme autant de nouueaux rayons s'efforcent de reflechir les lumieres qu'ils recoiuent. Nous auons voulu imiter en ce point la pieté de l'Empereur Iuſtinien, qui mit dans l'Egliſe de ſaincte Sophie, qui eſtoit le Temple de la Sageſſe Diuine, vne table compoſée de toutes les choſes les plus pretieuſes du monde iointes enſemble pour reconnoiſtre Dieu comme Maiſtre abſolu de l'vniuers & Createur de toutes choſes. Nous auons pour ce ſujet revni toutes nos Prouinces pour former vne couronne au ſacré Nom de IESVS, & le recõnoiſtre le principe & la fin de nos entrepriſes pour ſa gloire.

Cedrenus l.4.c.30.

Les Sciences que l'on enſeigne dans ce College ſont toutes figurées dans les entredeux des colomnes de l'ordre Ionique & dans les eſpaces que laiſſent les feneſtres ſur leſquelles elles s'appuyent ſous des attitudes differentes, & toutes propres du du deſſein. Elles ſont diuiſées en trois ordres tant pour exprimer par ce nombre le myſtere qui fait le titre de noſtre Academie, que pour diſtinguer les trois grandes faces de noſtre Temple en autant de diſciplines differẽtes. Dans celle du milieu ſont les Sciences ſacrées, qui nous enſeignent les Myſteres de la Foy & les choſes ſurnaturelles, que la reuelation nous découure; dans la ſeconde face ſont les Sciences humaines, & dans la troiſiéme les Arts ſçauans, dont nous faiſons profeſſion.

Chacune de ces facultez, eſt accompagnée de la medaille d'vn Illuſtre, qui a contribué à ſon eſclat, de diuers ſymboles qui nous expliquent ſes preceptes, d'vne deuiſe, qui nous fait ſon caractere, & de deux bas reliefs, qui expriment ſes parties. Sans nous attacher à cét ordre qu'il ſuffit d'auoir remarqué, cõmençons par la deſcription du premier de tous les Arts, qui ſert d'introduction aux autres, & qui ſe preſente le premier dans la diſpoſition des figures.

C'eſt la Grammaire, qui eſt d'vne taille plus petite que les autres, pour deſigner qu'elle eſt la plus baſſe des connoiſſances, elle ſemble ſortir des nuées comme du chaos de l'ignorance, qu'elle debrouille la premiere. Son habit bleu, & tirant vn peu ſur le brun, nous fait connoiſtre que ſes lumieres ſont foibles, & diuers caracteres, qui font vne eſpece de broderie à ſon manteau la diſtinguent des autres Arts, par ces marques particulieres. Elle eſt couronnée de Ioncs, ou du papier d'Egypte, qui ſert à receuoir les Lettres, & qui fournit la matiere de tous les liures. La clef d'or qu'elle tient en main, nous apprend qu'elle eſt la clef des Sciences, & la depoſitaire de celles du Temple de la Sageſſe. Elle inſtruit vn petit enfant, qui tient l'Alphabet Latin ſur vn liſton, cét enfant preſque tout nud eſt le ſymbole de l'Eſprit, qui n'a point encore receu d'inſtruction & qui n'a que les lumieres naturelles, qui ſont fort foibles. Les Sciences eſtant des habitudes, nous auons crû que cette nudité n'exprimeroit pas mal l'ignorance; qui n'a point de commerce auec ces belles qualitez, qui ſont les veſtemens de l'Eſprit.

La Medaille poſée ſouz le retour des colomnes eſt le portrait de Cecrops premier Roy des Atheniens, qui inuenta les lettres Grecques, ou qui les porta le premier d'Egypte dans la Ville d'Athenes, qui fut depuis la mere de toutes les Scien-

Tacit. l. 11. Annal. Lipſ. in eumd. auth.

ces

ces. Nous aurions pû nous seruir en cette occasion de l'Image de quelque autre inuenteur des lettres plus ancien que celuy-cy, mais nous auons voulu nous attacher à des Sçauans illustres en Dignitez, pour montrer que les Sciences font honneur aux conditions les plus eleuées & les plus auantageuses.

La deuise mise au dessous de la Medaille a pour corps vne Casse d'Imprimerie pleine de Caracteres, & pour mot,

Quid multæ, nisi ordinatæ?

Comme le grand nombre des Caracteres de diuers oeil seroit inutile s'ils demeuroient toujours dans la Casse, & s'ils n'estoient iamais rangez par le Compositeur; de mesme il sert peu d'auoir apris beaucoup de choses, si l'on n'en a pas l'vsage; & pour appliquer cette deuise à la Grammaire en particulier, c'est la construction & la congruité, qui font la beauté du discours.

Le premier bas relief represente les hieroglyphes Egyptiens qui furent des Images sçauantes, qui tinrent lieu de Caracteres parmy ces Peuples, au rapport de plusieurs Autheurs. Nous auons fait choix de la la Table qui fut donnée au Cardinal Bembe par le Pape Paul III. parce qu'elle eſt connuë de tous les ſçauans, & qu'elle a eſté repreſentée & expliquée par le Pere Athanaſe Kirker de noſtre Compagnie. C'eſt vn Eſcarbot à teſte humaine couronné d'vn croiſſant de Lune, chargé ſur l'eſpaule de pluſieurs cercles, ſouſtenant vne table quarrée marquée de quatre lettres Coptiques, & ſurmonté d'vn Globe aiſlé & volant.

In. Prodromo coptico. p. 224 & 239. cap. vlt.

L'explication de ces figures demanderoit trop de temps ſi nous voulions nous arreſter à la donner exactement, il ſuffit d'aduertir qu'on la trouuera dans l'ouurage de cét Autheur, qui l'a donnée fort au long dans l'ouurage que i'ay allegué. L'autre partie de ce bas relief, eſt la figure d'vne pierre pretieuſe chargée de hieroglyphes, que ce meſme Pere explique en la page 248.

Le ſecond bas relief ne contient que les Alphabets Grec & Hebraïque, les ſymboles qui repreſentent les parties de cét Art dans les interuales des triglyphes de la friſe dorique ſont des plumes & des canifs, qui ſeruent à l'ecriture, des cannes & des roſeaux, qui ſeruent encore auiourd'huy d'huy de plumes aux Orientaux, particulierement aux Arabes, des lettres, des chiffres enlassez, du papier, des liures, & d'autres choses propres des Grammairiens. Du sable dans vn poudrier parce que les Anciens apprenoient à écrire sur le sable pour corriger plus facilement les defauts des caracteres qu'ils formoient.

L'ERVDITION suit la Grammaire, & comme elle se diuise en Critique, Philologie, & Mythologie, nous auons tasché de luy donner toutes les marques necessaires pour exprimer ces trois parties, qui font la Polymathie. Elle a vn visage seuere vn liure en vne main & vne baguette en l'autre, pour marque de l'autorité qu'elle exerce, & du droit qu'elle a d'examiner seuerement les ouurages, de les corriger, & de les interpreter. Elle est vestuë d'vne couleur comme tannée, qui estant vn meslange des quatre primitiues exprime la varieté des connoissances qui font la parfaite erudition. Elle a des statues a ses pieds, des images des Dieux, & des rouleaux de parchemins à demy rongés, qui montrent que c'est a elle qu'appartient la connoissance de la fable, des statues & des vieux titres, qui seruēt aux preuues de l'Histoire.

Les bas reliefs qui l'accompagnent ſont vne inſcription antique de tombeau, & la repreſentation d'vn ſacrifice, qui font partie de l'erudition. Les monnoyes antiques qui en ſont auſſi font le corps de la deuiſe elles degorgent d'vne vrne, & ſont accompagnées de ce bout de vers.

Auget pretium ipſa vetuſtas.

Qui enſeigne que l'Antiquité eſt pretieuſe, & que ſi elle rend d'vn prix ineſtimable des medailles, qui n'eſtoient guere conſiderables quand elles auoient cours, ces connoiſſances quelque inutiles qu'elles puiſſent paroiſtre à quelques vns, ſont curieuſes & recherchées à cauſe de leur antiquité.

Euſeb. l. 5. hiſt. Eccleſiaſt. Gell. noct. Attic. l. 6. c. 17.

La Medaille eſt le portrait de Ptolomée Philadelphe, qui ramaſſa vn ſi grand nombre de liures pour faire ſa Bibliotheque celebre dans tant d'Autheurs, & compoſée de ſept cent mille Volumes.

Les ſymboles de la friſe Dorique ſont tirés la pluſpart des reuers des Medailles Grecques ou Romaines, & repreſentent vn vaſe de ſacrifice, vne lampe antique, vn lachrymatoire, vn tutule, ou bonnet des Preſtres Romains, vn bucher de la conſecration des Empereurs, vne teſte de Tau-

reau

reau parée pour le sacrifice, la hache des Sacrificateurs, le baston augural, le sympule des libations & le bouclier des Amazones, qui sont autant de pieces sçauantes qui nous instruisent des anciennes Ceremonies.

La Cosmographie tient le troisiéme rang, elle est vestuë de couleur de terre & d'eau pour exprimer ses deux parties, qui sont la Geographie, & l'Hydrographie. Elle est couronnée de creneaux comme les Anciens couronnoient la Deesse de la terre. Elle tient d'vne main le Globe terraquée, & de l'autre vn compas pour en prendre les mesures. Elle croise les deux iambes pour signifier le meslange de la terre & de l'eau par les mers mediterranées, & par les langues de terre, qui font croiser ces deux Elemens en diuers endroits.

L'vn des bas reliefs est vne carte de la Palestine, l'autre estant presque tout couuert par la cartouche du Lyon, & par l'Ange qui la soûtient ne laisse voir qu'vn bout de l'echelle Geographique, & du compas, qui sert à prendre les distances des lieux sur les Cartes. La place de la Medaille & de la deuise est aussi occupée par cete cartouche.

Les ornemens de la frise Dorique sont outre ses triglyphes les instrumens necessaires à cet Art. La Sphere, le Compas, le Globe, vne figure qui represente les Zones comme elles sont marquées par des lignes sur la Carte; Le Rhombe des vents, la Croix Geographique inuentée pour l'vsage des distances, & expliquée par le P. Ricciol en sa Geographie.

L'HISTOIRE suit la Geographie. Elle est vestuë d'vn manteau bleu sur vn habit blanc, qui montre l'obscurité des premiers temps & les lumieres qu'elle tasche de leur donner, elle a la face tournée, pour signifier qu'elle considere le temps passé, & qu'elle trauaille pour la posterité. Elle a le temps souz ses pieds dont elle est la victorieuse.

Le premier bas relief estât couuert de la cartouche du Lyon ne laisse voir que l'extremité de l'Ere Chronologique figurée par ces lettres AN. V.C. c'est à dire *Anni vrbis conditæ*. L'autre contient vn témoignage de l'histoire & le temps de la fondation de Lyon, tiré de Gregoire de Tours.

Gregor. Turon. l. 1.

Augusti XLX. An. Lugdunum vrbem conditam reperimus,
Quæ postea illustrata Martyrum sanguine.

La

La Medaille est celle de Iules Cesar, qui escriuit luy mesme son Histoire, elle est marquée de l'estoile de son Apotheose, & la deuise mise au bas represente vn flambeau allumé, qui en ralume deux ou trois esteints auec ces mots.

Extinctos Luci Reddo.

Qui enseignent que l'Histoire fait reuiure les morts, en conseruant la memoire de leurs belles actions.

Les hieroglyphes, qui respondent à l'Histoire dans la frise dorique, sont les enseignes militaires dont les Romains se seruoient pour representer l'Histoire prophane, qui n'est pleine que de Guerres & de Combats. Le Labarum de Constantin represente l'Histoire Grecque, & les Couronnes triomphale, rostrale, vallaire, murale, obsidionale & castrense, representent les Histoires Politiques, Ciuiles, Militaires, Maritimes, & Particulieres. La Thiare l'Histoire Ecclesiastique, & la Couronne Royale celle de nos temps.

LA POESIE vestue d'vn habit gay, & couronnée de laurier à les brodequins aux pieds, qui seruoient dans les tragedies, & tient vne lyre en main.

L'vn des bas reliefs repreſente le Parnaſſe auec la fontaine & le Pegaſe, & vn Poëte couché ſous les lauriers d'Apollon pour eſtre inſpiré de cette fureur ſacrée, qui fait les Poëtes ſelon le ſens du Satyrique.

Perſius in Prolog.

Nec fonte labra prolui caballino,
Nec in bicipiti ſomniaſſe Parnaſſo
Memini vt repente ſic Poëta prodirem.

Le ſecond repreſente vn Theatre chargé d'vne teſte de bouc d'vne trompette, & d'vne lyre pour exprimer les trois ſortes de Poëſies, l'*Epique* dont la trompette eſt le ſymbole.

La *Dramatique* que le Theatre & la teſte de bouc expriment conformement au vers d'Horace, de qui nous apprenons que la Dithyrambique eſtoit recompenſée par le don de cét animal ſacré à Bacchus.

De Arte Poët.

Carmine qui tragico vilem certauit ob hircum.

Et la *Melique*, dont la lyre fait l'expreſſion.

Ariſt. cap. 1. de Poëtic. Caſteluetro ſupra Ariſtotele.

Toutes les eſpeces differentes auſquelles on les ſouſdiuiſe ſont repreſentées dãs la friſe Dorique par des images qui leur ſont propres ; la *Satyrique* par vn maſque de de Satyre; la *Dithyrambique* par le lierre, qui estoit sacré à Bacchus aussi bien que les Dithyrambes; la *Phallique*, qui se recitoit au mois de Septembre, sur les chars, qui seruoient à la vendange, & dont vn certain Thespis fut l'inuenteur au rapport d'Horace, est representée par l'vn de ces chariots. *In arte Poët.*

Ignotum Tragicæ genus inuexisse Camenæ
Dicitur & Plaustris vexisse poëmata Thespis
Quæ canerent agerentque peruncti fæcibus ora.

La flute a sept tuyaux dont les gardes de bestail se seruoient autrefois, exprime la Bucolique. La Musette l'Eclogue & la Pastorale, le Luth la Lyrique, Les Soques ou souliers bas la Comique, les Brodequins la Tragique, & les Baguettes entourées de laurier la Cabalistique, à cause qu'au rapport d'Eustathius les Anciens recitoient, & chantoient les vers d'Homere auec des baguettes de laurier en main, ce qui a fait donner le nom de *rapsodies* aux liures de son Poëme, à cause que ῥάβδος signifie vne baguette, & de là les Interpretes des Poëtes, & particulierement les Cabalistiques ont eu le nom de *Rapsodeurs* parmy

δαφνίνη δὲ ἦν ἡ ῥάβδος, ἣν κατέχοντες ἐποιοῦντο τὰς ᾠδάς. *Eustath.* παρεκβ. εἰς τὴν ῥαψ. *pag.* 6.

parmy les Sçauans, & peut eſtre que c'eſt auſſi la ſource du Prouerbe *Cenſoria virgula.*

La Medaille repreſente Dauid, & la deuiſe a pour corps, la harpe de ce Prophete, & pour ame ces mots

Ex Varietate Concentus.

Car comme la diuerſité des cordes de cet Inſtrument ſert à la douceur du concert la diuerſité des vers ſert auſſi à la douceur de la Poëſie.

La Rhetorique eſt repreſentée ſous la forme d'vne Reyne majeſtueuſe, ſon manteau Royal eſt à fleurs & à figures pour exprimer les ornemens de l'Eloquence, elle tient vn caducée pour Sceptre, comme la Reyne des eſprits dont elle émeut & appaiſe les paſſions quand elle veut, elle a la couronne en teſte, & cette couronne eſt de Roſes, qui ſont les reynes des Fleurs & le ſymbole le plus iuſte de l'Elegance du diſcours d'où eſt né le Prouerbe *Roſas loqui* pour vn homme diſert, & en noſtre langue *dire d'or*, ce qui nous a donné occaſion de faire ſon manteau Royal de drap d'or. Elle tient des cœurs enchaiſnez dans ſa gauche, parce que c'eſt elle qui a le pouuoir

Eraſmus Chil. 2. cent. VI.

uoir

uoir de les captiuer, & de les attacher auec plaisir.

La Medaille represente S. Ambroise Archeuesque de Milan, dont l'Eloquence singuliere fait vn des plus beaux ornemens de l'Eglise. Nous auons fait choix de ce Prelat à cause que quelques Autheurs ont tenu qu'il estoit né en cette Ville.

La deuise est vn horloge a roües auec sa montre & son tymbre, accompagnez de ces mots,

Meditata ex tempore dicit.

Qui sont le caractere de l'Eloquence, qui doit tousiours estre preste à parler & qui ne le doit pourtant iamais faire sans estre bien preparée.

Des deux bas reliefs, l'vn est historique, & l'autre fabuleux; l'historique fait voir vn Orateur, qui recite deuãt le fameux Autel de Lyon, & le fabuleux expose la fable de l'Hercule Gaulois, qui tient les Peuples enchainez par les oreilles auec des chaisnes d'or, qui luy sortent de la bouche.

Les Hieroglyphes sont les caracteres differens de l'Eloquence & les conditions du style. Le trepied, qui seruoit autrefois à prononcer les Oracles dans les Temples apprend que l'Eloquence eſt quelque choſe de Diuin, & de ſacré, & c'eſt ſur le prouerbe *Loqui ex tripode*, que nous eſtabliſſons ce rapport.

La main ouuerte eſt le ſymbole de la Rhetorique au ſens de Zenon allegué par Ciceron. Les autres ſymboles expriment les qualitez du ſtyle décrites par Hermogene au liure des Idées. Il doit eſtre vehement comme la foudre, coulant comme l'eau des fontaines, fleury comme vn bouquet, brillant comme le Soleil, doux & plein de pointes comme les abeilles. La palette auec les couleurs repreſente ces vûes d'Eloquence que Seneque le declamateur nomme *Colores*. La Choüette ſacrée à Minerue eſt deſpuis long temps le ſymbole des Orateurs.

Si nous auons pris ſoin de donner aux Images des Arts ſçauans vn air ingenieux, qui les fit connoiſtre ſans les charger d'vn grand nombre de ſymboles, qui en auroient fait autant d'Enigmes aux yeux mediocrement ſçauans; nous auons particulierement trauaillé à rendre connoiſſables les figures des Sciences, qui ſont des eſtres plus abſtraicts que les Arts & des notions purement intellectuelles.

Les

Les Espaces de la face du milieu estant en partie occupez par les deux tableaux, qui sont sur le tout, ne nous ont permis de representer que la Theologie positiue, & la Scholastique, qui sont les parties les plus considerables de cette Science Diuine.

La premiere qui est la depositaire des Oracles du S. Esprit, est vestue comme les Sibylles, qui furent des Prophetesses, elle a la teste voilée pour s'accommoder aux Ceremonies de ceux qui vaquoient aux mysteres sacrez. La couleur de son habit est celeste, & tandis qu'elle est attentiue à lire l'écriture Sainte qu'elle tient en main, le S. Esprit, qui est à son oreille semble luy en inspirer l'interpretation. Elle a l'Heresie souz ses pieds, cette furie, qui fait gloire de semer son venin sur les Dogmes de l'Eglise, & de les authoriser par des passages de la Bible mutilez ou mal expliquez. Elle temoigne par son action le depit qu'elle a d'estre terrassée par celle sur qui elle pretendoit s'affermir, & de se voir defaire par les mesmes armes dont elle a voulu se seruir. Elle void auec douleur les liures de ses Dogmes dechirez, & reduis en cendres dans vn feu qui est proche d'elle, & qui

montre

montre par ſa fumée noire & eſpoiſſe, que toutes les ſubtilitez des Heretiques ne ſont que tenebres, & qu'illuſion.

Le premier des bas reliefs fait voir le grand Preſtre de la Synagogue, qui entre dans le Sanctuaire dont il ouure le rideau tandis que le Peuple eſt à genoux, pour attendre auec reſpect l'interpretation des Oracles, que Dieu aura prononcé dans ce Sanctuaire pour ſignifier ſes volontez à ſon Peuple. C'eſt là l'Image fidelle de l'Interpretation des Eſcriptures, qui ſe doit tirer du ſeul Sanctuaire pour eſtre debitée aux Peuples dans les aſſemblées Chreſtiennes, & dans le Miniſtere de la Parole.

Dans le ſecond bas relief les ſeptante deux interpretes enuoyez par Eleazar à Ptolomée Philadelphe, luy preſentent la verſion Grecque de la Bible, qu'ils ont faite ſur l'Original Hebraïque, pour donner à ce Prince la connoiſſance de nos Myſteres.

Dans l'autre bas relief S. Hierôme que l'Egliſe reconnoit pour l'interprete le plus ſçauant des Saintes lettres, paroit en action d'expliquer à ſainct Damaſe Pape les endroits les plus difficiles de l'Ecriture.

ture. L'Hiſtoire Eccleſiaſtique nous apprend que ce Pape conſultoit ſouuent ce Pere de l'Egliſe, pour receuoir de luy l'intelligence des paſſages les plus obſcurs.

Le lieu de la Medaille & de la deuiſe eſtant occupé par le grand Tableau, nous auons eſté obligez de mettre l'vne ſur la porte de la Rhetorique, où S. Chryſoſtome eſt en meſme temps repreſenté comme interprete de l'Ecriture, & comme l'idée du parfait Orateur Chreſtien. La deuiſe eſt placée ſur vne des feneſtres de Theologie, elle a pour figure l'Eſtoile Matiniere, qui deuance le Soleil, & nous annonce ſa venuë. Le mot qui accompagne ce corps eſt tiré de l'Ecriture, & du premier Chapitre de S. Iean.

Teſtimonium perhibet de Lumine.

C'eſt la Theologie poſitiue qui decouure les lumieres des Oracles ſacrez, & qui en rend vn témoignage fidele, comme l'Eſtoile Matiniere, eſt la guide fidele du Soleil. Et comme cette Eſtoile diſparoit dans le grand iour que fait cét Aſtre, nous n'aurons auſſi plus beſoin de ces lumieres reflechies des interpretations, quand nous verrons le Soleil à decouuert,

& nous ſerons dans le grand iour de la lumiere de gloire. Les collines du monde qui nous le cachent maintenant s'abaiſſeront & nous le verrons dans ces grandes routes de l'Eternité, où il n'a ny mouuement, ny alteration, ny defaillance.

Incuruati ſunt colles mundi ab itineribus æternitatis eius. Habac. 3.

Les hieroglyphes de la friſe Dorique ſont de trois ordres, les quatre premiers montrent par la figure des quatre Elemens, les quatre qualitez d'vn Theologien Moral, ou Caſuiſte. Il doit eſtre reſolu comme le feu, qui fond, calcine, & reſoud tous les corps, il doit eſtre ſubtil & penetrant comme l'air, pour decouurir toutes les circonſtances d'vn fait expoſé, comme cét Element s'inſinue dans tous les lieux. Il faut qu'il ſoit clair comme l'eau tranquille & qui n'eſt point agitée, auſſi ne doit-il iamais prendre que le party de la raiſon, ſans ſe laiſſer emporter à quelque paſſion. Enfin il faut qu'il ſoit ſolide comme la Terre.

Les ſymboles du ſecond ordre ſont les Caracteres particuliers de tous les liures de l'Ecriture, qui ſont de quatre eſpeces. *Legaux*, comme le Deuteronome, & le Leuitique. *Hiſtoriques*, comme la Geneſe, l'Exode, les Iuges, les Roys, & *Propheti-*

que

ques comme Isaye & tous les autres Prophetes, & *Moraux* ou *Doctrinaux*, comme les liures de la Sagesse, de l'Ecclesiaste, de l'Ecclesiastique, les Prouerbes, ceux du Nouueau Testament ont les mesmes especes. Les quatre Euangiles sont Legaux, les Actes des Apostres Historiques, les Epistres Doctrinales & Morales, & l'Apocalypse Prophetique.

Les Liures *Legaux*, sont designez par les tables de la Loy. Les historiques ont autant de symboles qu'il y a d'histoires differentes; la houlette represente la Genese, où les Patriarches sont Pasteurs; la baguette l'Exode a cause de la baguette miraculeuse de Moyse, c'est aussi la marque des Iuges, puisque les Magistrats sont designez dans l'Ecriture par vne baguette veillante, & la Iustice par vne verge de fer. L'espée represente l'action genereuse de Iudith, & les combats des Machabées. La couronne est le symbole des liures des Rois, d'Esther, de celuy de Iob. Les liures Doctrinaux ou Moraux ne pouuoient estre mieux representez que par vn liure, comme les trompettes sont les Images des Prophetes a qui Dieu disoit, *Quasi tuba exalta vocem tuam.* *Esai. 58.*

Les

Les quatre figures des animaux myſtiques vûs par Ezechiel, qui font les Images des Euangeliſtes ſelon le ſentiment vniuerſel de l'Egliſe, font encore le caractere du Predicateur & les qualitez qu'il doit auoir. Il faut qu'il ſoit laborieux comme le bœuf, ſubtil & penetrant comme l'Aigle dans les myſteres de la Theologie; hardy & vehement dans ſes mouuemens comme vn Lyon; & moral dans ſes raiſonnemens comme l'homme. Les aiſles de ces animaux montrent, qu'il doit s'éleuer de terre, & n'auoir de commerce qu'auec le Ciel.

La THEOLOGIE ſcholaſtique qui eſt vne Theologie de combat & de diſpute eſt repreſentée ſous la forme d'vne Amazonne qui a la teſte nuë pour montrer qu'elle n'eſt pas armée de ſon chef, & que c'eſt de l'Ecriture des Peres & des Conciles qu'elle reçoit toutes ſes armes. Son habit de couleur de feu, & ſon eſpée flambante ſont les ſymboles de ſon zele & de ſon ardeur qui la rendent terrible aux Hereſies.

Dans l'vn des bas reliefs les Eueſques aſſemblés ſignent la condemnation de Photius en trempant leurs plumes dans le calice conſacré. Cette action repreſente la condemnation des Heretiques.

Moyſe

Moyſe qui reçoit la Loy dans le ſecond, eſt vne figure de la reuelation, qui ſert de baſe à tous les raiſonnemens de la Theologie, & le Peuple qui danſe autour du veau d'or dans vn éloignement, eſt l'Image des Heretiques, qui ſe fõt des Idoles de leurs erreurs, & ſe dõnent la main pour les eſtablir.

Tous les traitez de cette Science ont leurs ſymboles particuliers dans la friſe Dorique. Celuy de Dieu & du myſtere de la Trinité eſt figuré par vn triangle lumineux, & le nom ineffable de Dieu qu'il enferme eſt le ſymbole de la langue Sainte. Le Traité des Anges eſt deſigné par vne teſte de Cherubin, celuy de la Grace & celuy de la Beatitude par vn diademe rayonnant, celuy des pechez par vne hydre, & celuy de la Penitence par vne eſpée qui coupe les teſtes de cét hydre, & vn flambeau qui les brûle. Celuy des Vertus ſurnaturelles par vn Calice, vn Anchre, & vne flamme, qui ſont les ſymboles de la Foy, de l'Eſperance & de la Charité, celuy de l'Incarnation par vne teſte du Sauueur, celuy de la Iuſtice par vne balance & par vne Croix, qui a eſté ſelon S. Auguſtin la balance de la Iuſtice Diuine & de l'Amour du Sauueur. Celuy des Sacremens par vn liure ouuert d'où pendent sept seeaux.

L'espace de la Medaille ayant esté occupé par l'Horloge Vniuersel, elle a esté mise sur la porte de la Classe de Theologie, & represente le Docteur Angelique S. Thomas, dont nous enseignons la Doctrine.

La deuise est placée sur des fenestres voisines. C'est vne montre Solaire auec ces mots,

Cælestia Monstrat in Vmbra.

Qui signifient que la Theologie nous explique les Mysteres souz des ombres & des figures, cõme les Montres nous decriuent les mouuemens Celestes par des ombres.

Les Sciences Humaines occupent la troisiéme face, & sont disposées en cet ordre, la Geometrie, l'Arithmetique, l'Astronomie, la Morale, la Physique, & la Logique.

La Geometrie vestuë de couleur cendrée, auec vn manteau verd, qui sont les couleurs de la terre dont elle prend les mesures, tient en main vn baston de Iacob & a prés d'elle diuers instrumens Geometriques, & les marques anciennes des mesures des champs décrites par Aggenus Hygenus

Hygenus, Vitalis, Arcadius, Mago, &c.

Le premier bas relief est remply de ces mesme instrumens, & l'on y void vn compas, vn globe, des regles, vne Alidade, &c.

Dans le second vn Geometre mesure la hauteur du Colosse de Rhodes, auec vn compas de proportion mis sur vn pied, & vn autre prend l'éleuation d'vne Tour auec vn quarré Geometrique. Le troisiéme a les figures de quelques propositions d'Euclide.

Les hieroglyphes representent diuers corps Geometriques, le Globe, le Cube, la Pyramide, le Tetraëdre, l'Octaëdre, le Dodecaëdre, vn Prisme, vn Cone, & vn Gilindre.

La Medaille est celle du Pape Syluestre II. François de Nation, & sçauant Geometre.

La deuise est celle que le P. Gregoire de S. Vincent a inuentée pour la quadrature du cercle, qui est l'entreprise la plus grande de la Geometrie. C'est le rayon du Soleil qui estant receu dans vn trou quarré, ne laisse pas de former en terre vn rond de lumiere, auec ce bout de vers,

Mutat quadrata rotundis.

L'ARITHMETIQVE, qui ſuit la Geometrie a ſon habit ſemé de nombres, & bordé des notes de la Muſique, qui ſont les nombres Harmoniques. Elle tient en main ces petits baſtons inuentez depuis peu de temps pour toutes les ſupputations.

Les principes de l'Algebre ſpecieuſe compoſent le premier bas relief, où ſont repreſentez les nombres Coſſiques en cette maniere.

Nombre	Racine	Quarré	Cube	Quarré de Quarré	Solide	Quarré de Cube	Surſolide	
O	1	2	3	4	5	6	7	8
N	R	Q	C	QQ	S	QC	S2	QQQ
1	2	4	8	16	32	64	128	256

Le ſecond eſt plein de mains differemment ouuertes & diſpoſées à la façon dont les Anciens ſe ſeruoient pour compter par les diuers mouuemens des doigts, & leurs diuerſes configurations, Smyrnæus Artabaſdas a compoſé vn liure Grec de cette pratique de compter, dont il a expliqué les Myſteres. Deux Epigrammes de l'Anthologie Grecque, font alluſion à cette coûtume. Noſtre S.Irenée a touché cette façon en paſſant. Le Venerable Bede l'a plus particulierement expliquée, & Pierius en a donné les figures au liure XXXVII. de ſes hieroglyphes. Les

Les figures de la friſe Dorique repreſentent diuerſes choſes dont les Anciens ſe ſont ſeruis pour compter. On void dans le premier eſpace vne main qui range des Lupins, à cauſe que l'on s'en ſeruoit anciennement au lieu de monnoye dans les Comedies, dont ils furent appellez *Aurum Comicum*, & c'eſt le ſens du vers d'Horace.

Natum à cõſuetudine comicorum qui in ſcena lupinis vtebantur pro veris nummis. Idcirco Plaut. lupinos aurũ comicum appellat Dionyſ. Lambinus in Horat. l. 1. epiſt. 7.

> *Nec tamen ignorat, quid diſtent æra lupinis.*

Dans le ſecond vne autre main attache vn gros cloud contre vne muraille, & marque la Ceremonie des premiers Romains, chez qui les Preſtres plantoient tous les ans vn cloud dans le Temple pour marquer les années, qu'ils comptoient apres par le nombre de ces clouds: & l'on exprimoit cette action par ces mots, *Pangere annales clauos.* Ciceron ſemble auoir fait alluſion à cette Ceremonie, quand il dit, *& vt hoc beneficium (quemadmodum dicitur) trabali clauo figeret.*

Act. in Verrem 7.

Dans le troiſiéme eſt la forme des Milliaires, comme on les trouue marquez dans les Inſcriptions Antiques recueillies par Gruter.

Dans le quatriéme ſont les pierres blanches dont on marquoit les iours heureux, comme on ſe ſeruoit des noires pour les iours mal-heureux. Perſe a touché cette couſtume en ſa *Satyre à Macrinus*, qui commence ainſi :

Hunc Macrine diem numera meliore lapillo.

Dans le quatriéme eſt vn Palmier, qui eſt le Symbole de l'Année, dont il marque tous les mois par de nouueaux rejettons, & parce que ſelon Plutarque les Babyloniens aſſuroient que cét Arbre rendoit trois cens ſoixante-trois ſeruices aux hommes, & exprimoit par le nombre de ces vertus celuy des iours de l'Année.

Pierius l. 50. de hierog.

Dans le quatriéme eſt vne corde noüée de diuers nœuds, & diuiſée en diuers cordons, dont les Peruriens ſe ſeruent pour compter.

Dans le cinquiéme ſe voyent des Iettons, qui ont ſerui à preſque toutes les Nations pour ſupputer, & des pieces de monnoye enfilées de ſoixante en ſoixante, dont les Tunquinois ſe ſeruent en mettant dans châque corde dix fois ſoixante.

P. Alex. de Rhodes hiſt. de Tunquin, ch. 17.

Dans le ſixiéme, les faiſſeaux Romains marquent le nombre des Années qu'on comptoit par les Conſuls.

Dans

Dans le dernier vn papier reglé & noté designé les nombres harmoniques de la Musique.

La Medaille represente le Cardinal Nicolas de Cusa Allemand de Nation, celebre Arithmeticien : car nous auons affecté de prendre des Illustres en diuerses dignitez & de diuerses Nations, pour les Medailles de châque science. Dauid pour les Roys & pour les Hebreux, fait celle de la Poesie. Cecrops pour les Archontes, & pour les Grecs celle de la Grammaire. Ptolomée pour les Monarques, & pour les Egyptiens celle de l'Erudition, Iules Cesar, pour les Empereurs, & pour les Romains celle de l'Histoire. Siluestre II. pour les Papes, & les François celle de la Geometrie. Nicolas de Cusa pour les Cardinaux, & les Allemands celle de l'Arithmetique. Thomas Morus auroit fait celle de la Morale pour les Chancelliers & les Anglois, si l'espace n'en eut esté occupé par vne montre Solaire. S. Iean Chrysostome fait pour les Patriarches, & les Byzantins celle de la Theologie Positiue. S. Ambroise pour les Euesques, & les Lyonnois celle de l'Eloquence. S. Thomas d'Aquin pour les Religieux, qui sont de

tout

tout le monde celle de la Theologie Scholaſtique. Auicenne pour les Princes & les Arabes celle de la Phyſique, & Pic de la Mirande celle de la Logique pour les Comtes, & les Italiens. Alfonſe X. Roy de Caſtille pour les Eſpagnols. Comme Tycho Brahé eut fait celle de la Geographie pour les Seigneurs, & les Danois, ſi le Cartouche du grand Lyon n'en eût occupé la place.

La deuiſe de l'Arithmetique, eſt le liure fait en pyramide auec cette difference, que la pyramide commence par ſa baſe, & va s'eſtreciſſant inſenſiblement iuſqu'à ſe reduire en vn point, au contraire le liure commence par l'vnité qui fait la pointe de ſa pyramide, & va s'élargiſſant à l'infini. Le mot qui fait l'Ame de cette deuiſe eſt celuy-cy.

Creſcit eundo.

Parce que l'Algebre va à l'infini, & tous les iours elle découure de nouueaux problemes.

L'ASTRONOMIE veſtuë de couleur celeſte a ſon habit ſemé d'étoiles d'or. Le Soleil luy fait vn Diademe de Lumiere, & elle tient en main vn Aſtrolabe. Le Globe celeſte

leste est à ses pieds auec d'autres instrumens Astronomiques.

L'vn des bas reliefs represente la figure dont les Astronomes se seruent pour montrer l'opposition du Soleil & de la Lune, & pour expliquer les Eclipses. Le Globe celeste mis dans son éleuation, & la figure des douze Maisons & du Theme celeste pour les Horoscopes. L'autre ne represente que le Zodiaque.

Alphonse X. Roy de Castille, celebre Astronome est representé dans la Medaille d'Argent.

La deuise est vne lunette d'approche, où vn Telescope à voir les Astres auec ce bout de vers

Cœli abdita pandit.

qui enseigne, que l'Astronomie découure tous les secrets du Ciel, dont cét instrument facilite la connoissance.

Les Images de la Frise Dorique, sont vne figure des macules du Soleil, selon l'obseruation du P. Scheiner. Le Compas de Galilée, le Baston de Iacob, la Boussole, l'Anneau Astronomique, l'Astrolable de Stofler, le Quarré Astronomique, la proiection de l'ombre de la Terre par son

Scheiner Rosa Vrsina.

F oppo

oppoſition auec le Soleil. Et le point de l'Equinoxe du Prin-temps repreſenté par la portion du Zodiaque où eſt le Belier, & où le Soleil entre ſur la fin du mois de Mars.

La Morale, qui regle les mouuemens de l'Ame, & qui explique la nature des vices & des vertus, à vn habit blanc comme la marque de l'innocence qu'elle tâche de conſeruer en reglant les mœurs des hommes. Son manteau iaune eſt la marque de ſon authorité, cette couleur eſtant propre des Roys, comme écrit Rinaldi Autheur Italien dans le Liure qu'il a fait de la ſignification des couleurs. Elle tient vne regle en main auec vne bride qui nous enſeigne qu'elle arreſte l'impetuoſité des paſſions, & qu'elle regle toutes choſes.

Nel Moſtruoſiſſimo moſtro. p. 16.

Les quatre vertus Cardinales occupent l'vn des bas reliefs & l'autre eſt remply des trois Morales abbregées. L'hebraïque tirée du Pſeaume. סוּר מֵרָע וַעֲשֵׂה־טוֹב *Diuerte à malo & fac bonum.* La Grecque ΑΝΕΧΟΥ ΚΑΙ ΑΠΕΧΟΥ. *Suſtine & abſtine.* Et la Latine *Quod tibi fieri non vis alteri ne feceris.*

Les places de la deuiſe & de la medaille

daille sont occupées par vne montre.

Les hieroglyphes representent par des oiseaux les parties les plus considerables de la Morale. Les Abeilles le Gouuernement Monarchique, l'Arondelle le Domestique, le Passereau Solitaire le Monastique. L'Aigle qui regarde le Soleil, la pieté enuers Dieu, la Cigoigne qui porte son pere quand il est vieux, la pieté des enfans enuers leurs peres. Le Pelican, qui se blesse pour r'animer ou pour nourrir ses petits, la pieté des peres enuers leurs enfans. La Tourterelle l'Amour coniugal, Le Cygne l'heureuse mort, & l'oiseau de Paradis la sainte vie.

LA PHYSIQUE, qui explique les transformations des Elemens & leurs diuerses operations, ne pouuoit être mieux representée que par leurs couleurs. Elle est couronnée de fleurs, elle porte des tours de perles & de pierreries pour paroître ornée de tout ce que la nature à de beau & de precieux, elle ne paroit qu'à demy, étant le propre de la nature de se cacher, & de couurir ses plus belles productions.

L'vn des bas reliefs represente toutes les beautez de la nature en abbregé. Des montagnes, des riuieres, des animaux, l'Arc-en-Ciel, les vents, & les plantes.

L'autre à diuers instrumens d'experiences, des Thermometres pour mesurer les degrez du froid & du chaud, vn Alambic pour les distillations & les operations Chymiques, des creusets pour les operations Metalliques, vne fontaine artificielle que l'air pressé, & introduit auec violence fait iaillir au dehors, la figure de l'experience du vuide par le vif argent, &c.

La Frise Dorique contient les choses les plus curieuses, & les plus admirables de la nature. L'Ayman, qui attire le fer, les os du Lyon dont il sort du feu estant choquez; le Tournesol qui panche contre le Soleil; La Baguette de Coudrier, qui sert à trouuer les fontaines; Le Miroir ardent, Vne Comete, le Chameleon, & vn Horloge à rouës.

La medaille represente Auicenne, & la Legende est Arabe. La deuise est vn Soleil, qui se leue auec ce mot appliqué à la Physique.

Naturam explicat omnem.

LA LOGIQVE, qui est la clef des Sciences, comme la Grammaire est celle des

Arts,

Arts, paroit dans vn repos de contemplation, & comme attachée à ses reflexions. La teste est couronnée d'vn triangle, qui designe les trois operations de l'esprit qu'elle regle.

Dans l'vn des bas reliefs, qui accompagnent cette figure, sont representées par des Lettres, toutes les manieres d'argumenter.

AAA *Barbara*	AAI	EAE	AAI
EAE *Celarent*	EAE	AEE	EAO
AII *Darij*	AII	EIO	IAI OAO
EIO *Ferio*	AEO	AOO	EIO

Dans l'autre est representée la fable de Promethée, qui ayant formé vne image humaine de boüe l'anime auec vn flambeau allumé du feu du Soleil, & cette fable est l'embleme du raisonnement, qui fait le caractere de l'homme comme il est vne communication des lumieres Diuines.

Des hieroglyphes les vns expliquent les qualitez de la Logique, les autres ses operations, & quelques vns vne partie des choſes dont elle traite, la Clef, le Phare, la Porte, & le filet du labirinthe diſent aſſez ſans autre choſe qu'elle eſt la clef, le phare & la porte des Sciences, & que c'eſt à ſon aide que nous nous tirons de l'embarras des Sophiſmes. Le miroir eſt le ſymbole de l'apprehenſion, parce qu'elle reçoit toutes les Images comme luy; le Rayon reflechy des reflexions, l'œil ſur vne baguette du Iugement parce que c'eſtoit chez les Anciens le ſymbole de la Iuſtice. La chimere, l'arbre de porphyre, & la figure des contradictoires, ſont des matieres qu'elle traite.

La Medaille eſt le portrait au naturel du ſçauant Pic de la Mirande.

La deuiſe eſt la main fermée auec ce mot,

Stricta Validior.

Parce que la Dialectique n'eſt iamais plus forte que lors qu'elle eſt fermée. Le corps de cette deuiſe a rapport au ſentiment de Zenon, qui comparoit la Dialectique à la main fermée, & la Rhetorique a la main ouuerte.

Cic. in orat. ad Brut.

Deſcendant de l'ordre Ionique au Dorique, on void les eſpaces de celuy-cy remplis

remplis des figures de diuers Peuples vestus à la maniere de leurs Pays, & des Camayeux où toute l'Histoire de Lyon est representée, comme vn ornement singulier de ce Temple de la Sagesse.

Ces Camayeux estendus dans les quatre faces, diuisent toute cette Histoire en quatre parties, dont la premiere regarde Lyon souz la domination des Romains, la seconde souz celle de nos Roys; la troisiéme contient la suite de l'Histoire Ecclesiastique de cette Ville, & la quatriéme les euenemens particuliers de ce College.

Dans le premier Plancus Cheualier Romain, & chef des Legions qui campoient dans la Gaule Lyonnoise, iette les fondemens de Lyon, & le fait bastir par ses Soldats, l'Inscription de ce Camayeu en donne l'intelligence en ces mots,

Lugdunum à Planco conditum.

Dans le second est representé l'Incendie deplorable de cette Ville, si bien décrit par Seneque en son Epistre 91. Le feu du Ciel consume ces superbes bastimens qui donnoient déja de l'enuie à toutes les plus grandes Villes de l'Europe, & il reste à peine des vestiges d'vne si belle Colonie.

Tot pulcherrima opera, quæ singula illustrare vrbes singulas possent, vna nox strauit.

Ce

Ce fût souz Neron que cét accident arriua, comme nous l'auons marqué en l'Inscription.

Lugduni Incendium sub Nerone.

On void dans le troisiéme, la Bataille sanglante donnée entre Septime Seuere Empereur, & Albin son competiteur, qui y perdit la vie & les esperances de l'Empire, dont Seuere mesme l'auoit flaté auparauant: Lyon ressentit les effets de la colere de cét Empereur, pour auoir ouuert ses portes à son aduersaire. Elle fut pillée & brûlée par les Soldats de ce cruel, qui auoit autrefois exercé la charge de Gouuerneur des Gaules dans cette Ville, & fait sa demeure dans vn Palais qui retient encore auiourd'huy le nom d'Antiquaille sur la Montagne de Fouruiere où estoit l'ancienne Ville. Ce fût aussi dás ce Palais que nâquit Bassian Caracalla, qui fut depuis associé à l'Empire, & salüé Cesar auprés de Vimy. C'est de cét Albin que l'on veut que le village d'Albigny ayt pris son nom. Cette bataille se donna dans la plaine de Sainfon, & l'on estime que le carnage qui s'y fit, & le sang qui s'y répandit fut cause du nom qu'elle a, comme si on la nommoit

nommoit *Sanguis fuſus, ſang fondu ou verſé*. L'inſcription de ce Camayeu eſt celle-cy.

Albinus à Seuero Cæſus.

Le quatriéme repreſente les Magiſtrats de cette Ville aux pieds de l'Empereur Conſtance, fils du Grand Conſtantin, pour luy preſenter les clefs, & l'aſſeurer de leur fidelité & de leurs ſoumiſſions, & dans vne Tour voiſine Magnence, qui vient de ſe tuer, craignant de tomber entre les mains de ce Prince à qui les Lyonnois s'eſtoient engagez de le liurer. Ce Tyran de Gouuerneur des Gaules s'eſtoit fait proclamer Empereur dans Autun en plein feſtin, & auoit fait tuer l'Empereur Conſtans par des Soldats affidez. Lors qu'enfin Conſtance qui auoit eſté obligé dans la conioncture des affaires de l'Empire vn peu broüillé, de luy ceder les Gaules en Souueraineté, voyant qu'il n'en eſtoit pas ſatisfait, le pourſuiuit en diuers endroits, iuſqu'à ce qu'il le vint ioindre à Lyon, où ce miſerable vſurpateur ſe fit luy meſme ſon Bourreau. Le titre du Camayeu eſt celuy-cy.

Magnentius Conſtantio traditus.

Le spectacle du cinquiéme est bien different du precedent; celuy-là representoit la mort d'vn Tyran, & celuy-cy nous fait voir celle d'vn bon Empereur. C'est Gratien tué par Andragathe, ce Prince trahy & abandonné de la pluspart de ses sujets, s'estoit ietté dans cette Ville pour s'y mettre à couuert de la fureur de Maxime, qui auoit soûleué plusieurs Prouinces, & vne partie de l'Armée contre ce bon Prince, dont S. Ambroise deplora la mort éloquemment, faisant sa Harangue funebre. La ruse dont ont se seruit pour le surprendre fut qu'Andragathe Lieutenant General de l'Armée passa secretement le Rhône, où il auoit donné le rendez vous à vne partie de ses Troupes; & faisant aduertir l'Empereur par ses domestiques que sa femme estoit en chemin pour le venir voir, & déja assez proche de Lyon, il attira ce Prince dans les embusches qu'il luy auoit dressées, & le prenant luy mesme par les cheueux luy coupa la teste. C'est ce qu'enseigne l'Inscription en trois mots,

Gratianus ab Andragatho Cæsus.

Lyon est de ces Villes de passage, qui ont souuent esté ruinées & restablies selon

les

les diuerses reuolutions des Estats. Apres beaucoup de bouleuersemens, qui luy auoient fait changer de face souz les premiers Empereurs, les Huns la desolerent tellement, que n'ayant plus rien de son ancien éclat, l'Empereur Maiorien en eût pitié, & la fit rebastir à la sollicitation de Sidonius Apollinaris Lyonnois celebre pour sa Sainteté, sa Doctrine, & ses autres rares qualitez. La Priere qu'il fit à ce Prince pour ce sujet est entre ses Oeuures Poëtiques, & commence de la sorte.

Has supplex famulus preces dicauit,
Responsum operiens pium ac salubre
Vt reddas patriam, simulque vitam,
Lugdunum exonerans suis ruinis.
Hoc te Sidonius tuus precatur.

L'Inscription de ce sixiéme Camayeu, qui represente ce Prelat traittant auec l'Empereur est celle-cy,

Lugdunum à Majoriano restauratum.

Aprés auoir vû Lyon sous la domination Romaine, il est temps de le voir sous les fleurs de Lys. Philippe le Bel l'vnit à la Couronne, dans le septiéme Camayeu où la France donne la main à vne Nymphe qui a vn Lyon à ſes pieds & ces mots au deſſous.

Lugdunum Galliæ Annexum.

Les Tournois, qui ſe firent du temps de Charles VIII. à ſon retour de la conqueſte du Royaume de Naples donnerent occaſion au Ieune du Terrail, qui fût depuis le Cheualier Bayard, de donner de beaux preſages de la valeur, qui le deuoit faire vn iour le Cheualier ſans peur & ſans reproche. L'hiſtoire de ce Tournoy eſt fort naïuement décrite dans la vie de ce grand Homme, dont nous auons deſigné la belle action par ce peu de mots.

Haſtiludium Equitis Bayardi.

Henry II. tient dans le Camayeu du milieu le Chapitre General de l'Ordre de S. Michel, où il crea dix-huit Cheualiers, & enuoya le Collier à l'Empereur, au Roy d'Angleterre, au Roy de Suede & à d'autres. Cette ceremonie ſe fit dans l'Egliſe S. Iean, où il reſte encore quelques monuments de cette Feſte en des planchettes marquées des armoiries des Cheualiers qui aſſiſterent, où furent creés en cette aſſemblée. L'inſcription eſt celle-cy.

Comitia

Comitia Ordinis S. Michaëlis.

Les Nopces de Henry IV. auec Marie de Medicis Princesse de Toscane, font le sujet du tableau suiuant, auec cette Inscription.

Nuptiæ Henrici IV.

Ce Mariage se fit auec beaucoup d'appareil en cette Ville l'an 1600.

Enfin l'Entrevûë de sa Majesté auec le Duc de Sauoye Charles Emanuel l'an 1658. acheue l'histoire de Lyon souz les Roys de France. Sa Majesté sortit à la rencontre de ce Prince, iusqu'à la plaine de Sainfon, comme il auoit fait trois iours auparauant à la rencontre de Madame Royale. Cét Euenement est écrit au bas du Camayeu en ces termes.

Aduentus Caroli Emanuelis Sabaudiæ Ducis.

L'histoire Ecclesiastique de Lyon occupe la 3. face & commence par la persecution de Marc-Aurele, Antonin Vere, & Luce Septime Seuere, qui couronnerent vn nombre prodigieux de Martyrs. *Theoph. Raynaud. in Indic. SS. Lugd. proleg. III. & IV.*

Le premier de ces Tyrans fit mourir S. Pothin premier Euesque de cette ville, où S. Polycarpe disciple & S. Iean l'Euangeliste l'auoit enuoyé ; ce qui a donné occasion à vn Ecriuain celebre de ce College de faire l'Eloge de S. Iean sous ce titre glorieux à la Ville de Lyon. *Sanctus Ioannes Atauus Christianitatis Lugdunensis.* Quarante-sept autres Chrêtiens furent les Compagnons des peines & du triomphe de ce Sainct Euesque. Mais la seconde persecution fut plus sanglante, & enuoya bien plus de Victimes innocentes au Ciel. Les Vers, qui sont grauez sur la Porte de S. Irenée hors la Ville, & qui estoient autrefois écrits de Marqueterie sur le paué de cette Eglise en sont vn illustre témoignage, que ie dois inserer icy.

Idem in hagiol. Lugdun. recens edito pag. 187.

Ingrediens loca tam sacra, iam rea pectora tunde,
Posce gemens veniam, lachrymas hic cum prece funde ;
Præsulis hic Irenæi turma iacet sociorum,
Quos per Martyrium perduxit ad alta polorum.
Istorum numerum si nosse cupis, tibi pandit
Millia dena nouemque fuerant sub duce tanto
Hinc mulieres & pueri simul excipiuntur

Quos tulit atra manus nunc Christi luce fruuntur.

Le nombre de ces Victimes fût si grand, que le sang couloit à ruisseaux par les ruës de cette Ville, comme l'asseure Gregoire de Tours. C'est de là qu'on estime, que la Saone a pris son nom, pour auoir esté teinte de ce Sang iusqu'à Mascon, qui est vne étenduë de dix lieuës en remontant. Eusebe rapporte au long ce qui se passa en cette persecution, & nous a conserué l'Epistre que les Eglises de Lyon & de Vienne enuoyerent sur ce sujet aux Eglises d'Asie. Nous nous sommes contentez de l'exprimer en ces deux mots.

L. 1. hist. Franc. c. 9. Vt per plateas flumina decurrerẽt sanguinis Christiani.

De Rabis, Paradin Sãgona. hist. de Lyon.

Euseb. l. 5. hist.

Martyres Lugdunenses.

Si l'Eglise de Lyon paroit souffrante & persecutée dans ce tableau, elle commence à paroître glorieuse dans celuy qui suit, où le Pape Innocent IV. tient vn Concile General. Ce Pape qui s'estoit retiré en cette Ville pour se mettre à couuert des troubles, & des Guerres Ciuiles, qui déchiroient l'Italie, & pour échaper aux violences de l'Empereur Frideric II. qui souleuoit & entretenoit de nouueaux partis,

partis, conuoqua tous les Prelats à cette Auguſte aſſemblée. Tous les Cardinaux y aſſiſterent, & S. Louïs y vint en perſonne s'offrant luy & ſon Royaume pour la deffenſe de l'Egliſe. Ce Concile fut celebre par la condemnation de Frideric, qui fut declaré Ennemy de l'Egliſe, & degradé de l'Empire. Par l'entrevûe de S. Louïs & par le Bonnet rouge donné aux Cardinaux; ce fut en cette meſme occaſion que S. Pierre Martyr de l'Ordre des Freres Preſcheurs fut canonizé, la Pourpre donnée au ſçauant Hugues de S. Cher, & des Religieux de ce meſme Ordre enuoyez au Prince des Tartares pour la conuerſion de ſes Eſtats. On y traita d'vne Croiſade pour le recouurement de la Terre Sainte, & S. Louïs en fut declaré le Chef. Toutes ces belles actions ſont repreſentées dans la Bibliotheque Vaticane, où l'on voit cette inſcription au deſſous d'vn grand tableau qui repreſente l'hiſtoire de ce Concile.

Angelus Roccha in Biblioth. Apoſtol. Vatic. p. 208.

Innocentio IV. Pont. Max. Imp. Federicus II.
Hoſtis Eccleſiæ declaratur, Imperioque priuatur.
De Terræ Sãctæ recuperatione conſtituitur. Hieroſo

Hierosolymitanæ Expeditionis Dux
Ludouicus Francorum Rex designatur.
Galero rubro, & Purpurâ Cardinales donantur.

Nous nous ſommes contentez d'exprimer vne partie de ces choſes par ce titre vniuerſel.

Concilium Lugdunenſe.

Le Camayeu ſuiuant exprime les marques particulieres de l'affection de ce Pape enuers le Venerable Chapitre de S. Iuſt, à qui il donna la Roſe qu'il auoit benite le 3. Dimanche de Careſme, ſelon la couſtume, & les ceremonies de l'Egliſe. Ce fut en reconnoiſſance des bons offices, que ce Chapitre luy auoit rendu, en l'accueillant dans ſon Cloître, qu'il honora de ſa demeure : auſſi fit il à ce Chapitre vn preſent, qui ne ſe fait ordinairement qu'aux Princes, & aux Egliſes les plus celebres ; ce Cloître étoit grand & magnifique, & ſes ruines nouuellement deterrées nous font aſſez connoître ce qu'il étoit, & qu'elle fut la fureur & la manie des Heretiques qui l'abbatirent le Siecle paſſé. L'Autheur, qui à glorieuſement trauaillé, pour la memoire des Saints de Lyon a fait vn traité

Theoph. Raynaud. Roſa Mediana.

traité particulier, en faueur de ce preſent, qui eſt repreſenté en ce tableau, & en cette Inſcription.

Roſa ab Innocentio IV. data.

L'entreuûe de S. Louys auec ce Pape, qui fut vne des ſingularitez de ce Concile fait le ſujet d'vn autre Camayeu, auec ces mots,

Colloquium S. Ludouici cum Innocentio.

Comme le Bonnet rouge donné aux Cardinaux en fait vn autre auec ceux-cy,

Pileus Rubeus Cardinalibus datus.

Le ſecond Concile General tenu dans cette Ville, ne fut pas moins celebre que ce premier. Ce fut à l'occaſion d'vne Croiſade qu'il fut aſſemblé par Gregoire X. l'an 1272. Il y eut cinq cents Eueſques, ſoixante Abbez, & mille autres Prelats moins conſiderables. L'Empereur Michel Paleologue s'y trouua, & l'on y fit la reunion de l'Egliſe d'Orient auec celle d'Occident, moyennée par Iean d'Aſcoli Cordelier. Il y fut defini contre les Grecs que le S. Eſprit procede du Pere & du Fils, & l'on l'on chanta ſolemnellement dans l'Egliſe S. Iean, *Qui ex Patre Filioque Procedit.* Le Roy des Tartares y fut baptizé auec de grandes Ceremonies, ayant eſté amené par frere Hierôme de l'Ordre des Freres Mineurs, qui fût depuis Nicolas IV. Pape. S. Bonauenture Cardinal, & Docteur de l'Egliſe du meſme Ordre y aſſiſta & y mourut. S. Thomas d'Aquin l'Ange de la Theologie, y auoit auſſi eſté appellé, & mourut en chemin. L'hiſtoire de ce Concile eſt repreſentée dans la Bibliotheque Vaticane auec toutes ces ceremonies, & ces inſcriptions.

Gregorio X. Pont. Græci ad ſanctæ Eccesiæ Romanæ vnionem redeunt.

In hoc Concilio S. Bonauentura Egregia virtutum officia Eccleſiæ præſtitit.

Rex Tartarorum ſolemniter baptizatur.

La pompe du couronnement du Pape Clement V. eſt enſuite repreſentée, elle fait vn ſpectacle auſſi lugubre que magnifique par l'accident qui arriua durant la Caualcade. Ce Pape ayant eſté elû par les Cardinax aſſemblez dans la Ville de Perouſe en Italie tandis qu'il viſitoit ſes Egliſes d'Aquitaine, appella le ſacré College qui le vint trouuer en cette Ville pour faire la ceremonie de ſon Couronnement. Les Roys de France, d'Angleterre, & d'Arragon, & les Ducs da Bourgogne, & de Bretagne s'y trouuerent auec grand nombre de Barons, & de Seigneurs de ces trois Royaumes. L'Egliſe de S. Iuſt fut choiſie pour cette action, eſtant le lieu le plus beau, & le plus ſpatieux qu'on pût prendre. Au retour comme la foule du monde, qui êtoit accouru à cette pompe êtoit extraordinaire, & tous les toicts des maiſons chargez de gens, qui la regardoient. Vn pan des murailles des ruines de l'ancien Palais de Seuerus fut tellement chargé, que s'affaiſſant ſous le poids, le Duc de Bretagne, & le frere du Pape en furent accablez auec beaucoup d'autres perſonnes de la ſuite du Pape & des Roys, qui faillirent d'eſtre enueloppez dans le meſme danger. Le Pape fut abbatu de cheual, & ſa Thiare êtant tombée il s'en détacha vn écarboucle fort pretieux, que l'on ne pût iamais recouurer. Toute cette Hiſtoire eſt expliquée par ce peu de mots écrits ſous le Camayeu.

Coronatio Clementis V.

Voicy vne autre pompe ſemblable, mais moins

moins funeste que celle-là, c'est la ceremonie du couronnement de Iean XXII. dans l'Eglise S. Iean. Il fut auparauant elû dans le Conuent de Nostre-Dame de Confort où le Comte de Poitiers frere du Roy Louys Hutin auoit enfermé les Cardinaux pour les obliger à donner vn chef à l'Eglise en appaisant leurs dissensions. Pendant ce temps-là Loüis Hutin estant mort. Le Royaume tomba entre les mains de Philippe son frere Comte de Poitiers, qui fut depuis Philippe le Long. Il ne voulut pas neantmoins se faire reconnoître d'abord, & voulut faire acheuer cette élection pour le bien de la Chrêtienté. L'inscription de nôtre Camayeu est.

Inauguratio Ioannis XXII.

L'assemblée, qui fait le sujet du suiuant ne fut pas moins vtile à la paix de toute l'Eglise, puis qu'elle fut faite pour éteindre le Schisme, qui la diuisoit. Amedée Duc de Sauoye ayant été élû Pape dans le Concile de Basle & nommé Felix V. étoit opposé à Nicolas V. legitime successeur d'Eugene IV. & l'Eglise se trouuoit partagée. Lors que les Princes conuinrent entre-eux de choisir vn lieu

 pour

pour traiter l'accommodement d'vne affaire ſi facheuſe ; ce fut cette Ville qui fut choiſie, où ſe trouuerent au mois de Iuillet de l'année 1447. les Legats du Pape & du Concile de Baſle. Les Ambaſſadeurs du Roy qui êtoient l'Archeueſque d'Ambrun, & le ſieur de Malicorne, & de la part de l'Empereur, & des Princes d'Allemagne l'Archeueſque de Tréues ; & les deputez de l'Archeueſque de Cologne & du Duc de Saxe ; auec pluſieurs autres Prelats & Seigneurs dont on deputa quelques-vns à Felix V. qui reſidoit à Geneue. Ce bon Prince cedant tous ſes interêts aux neceſſitez de l'Egliſe conſentit à ſa depoſition, & appaiſa par cette acte de ſoumiſſion vn Schiſme qui auoit duré pluſieurs années, & dont l'Egliſe n'a depuis eu aucun exemple ; auſſi en fit-on ce vers honorable à la memoire de ce Prince depoſé.

Fulſit lux mundo, ceſſit Felix Nicolao.

Pour nous, nous nous ſommes contentez de peindre cette aſſemblée, & de la faire connoître par cette inſcription.

Conuentus ad delendum Schiſma.

L'he

L'heresie qui est vne playe encor plus fatale que le Schisme, fit bien d'autres desordres l'an 1562. s'estãt emparée de cette Ville. Elle en pilla les Eglises, en abbatit quelques vnes mal-traita les Ecclesiastiques, & fit cesser tout le culte qu'on doit à Dieu ; ce mal-heur dura vn an entier, iusqu'à ce que le Ciel fut touché de tant de mal-heurs, & suscita le R. P. Edmond Auger, pour y rétablir la Religion. Nous auons trop de part à vne si belle action pour la décrire nous-mesmes, & comme nous serions iniustes de taire des circonstances, qui seruent à la connoissance de nôtre Histoire, nous serions peu modestes de trauailler nous-mesmes à vn Eloge qui semble nous toucher, voicy ce qu'en dit de Rubys dans son histoire de Lyon. *Le Dimanche* 18. *iour de Iuillet de ladite année* 1563. *Monsieur le Mareschal de la Vieilleville fit celebrer la premiere Messe en la grand Eglise de S. Iean, où il assista auec les Magistrats de la Iustice, qui y estoient reuenus par son commandement, pour faire leur charges, car ils estoient, par la grace de Dieu, tous Catholiques & pendant que la Messe se disoit, Monsieur de Sauls se promenoit sur la calade de S. Iean auec sa Garde,*

Hist. de Lyõ l. 3. p. 400.

garde, pour empeſcher qu'il n'y ſuruint aucun deſordre. La Meſſe fut ditte par le bon Pere Edmond Augier de la Compagnie des Ieſuites, que Monſieur de Nemours amena de France, & auoit toûjour Preſché en l'Armée, & dépuis fit tant de bons & Chreſtiens offices à Lyon, cõme ſe verra cy aprés; & aprés la Meſſe il Preſcha auec tant de Zele, qu'il fit pleurer de ioye tous les aſſiſtans, il continua dépuis à dire tous les iours la Meſſe à S. Iean, & Preſcher; & fut ſecondé par le bon Frere Iacques Pyrus, Prieur des Iacopins, que les Proteſtans auoient ſi longuement tenu priſonnier à Pierre Scize, taſchans de le faire Apoſtaſer, mais ils le treuuerent trop reſolu, & faut noter que ces Meſſes eſtoient aſſiſtez d'vn ſi grand nombre de Peuples, qu'à peine ce grand vaiſſeau de l'Egliſe de S. Iean eſtoit capable de les receuoir.

Nous nous ſommes contentez d'exprimer ce reſtabliſſement de la Religion en ces mots,

Sacra reſtituta à P. Augerio.

Le Pere Edmond Auger qui vient de faire le ſujet d'vn Camayeu, fait encore vne partie de celuy-cy, où l'on void le preſent de la Ville porté à Noſtre Dame de Lorette

Lorette par Mr. de Rubys, accompagné de ce Pere. Le Porteur de ce Present le raconte luy mesme au Chap. LXIII. du liure 3 de l'Histoire de Lyon, *Comme en l'année 1582. la Ville fut derechef assaillie de peste, ses Escheuins par l'aduis & sage conseil du bon Pere Edmond Augier firent vn vœu solemnel à Nostre Dame de Lorette, pour aller rendre lequel au nom de toute la Ville ie fus choisi & deputé pour le deu de ma charge, & comme Procureur general de ladite Ville, auec le Pere Edmond, & Messire André Amyot custode de l'Eglise de Sainte Croix de Lyon, reputé pour l'vn des meilleurs Ecclesiastiques, qui ayent esté à Lyon de son temps.* Il décrit apres assez au long ce Present qui fut d'vn magnifique Calice de Vermeil doré auec sa patene, & les burettes. Il raconte aussi les ceremonies auec lesquelles ils furent receus dans cette Sainte Chappelle. L'inscription de ce Camayeu est celle-cy,

Votum ad Diuam Lauretanam.

Si toute nostre Histoire fait la decoration de ce Temple, ce n'est qu'a la façon antique des Grecs & des Romains; qui grauoient dans les leurs les plus belles

 actions

actions de leurs Heros. Nous auons ajouté à ces tableaux de l'hiſtoire les Images des Saints ſçauans, qui ont honoré Lyon de leurs lumieres. On void pour ce ſujet dans la grande face du milieu S. Pothin premier Eueſque de cette Ville qu'il arroſa de ſon ſang, apres l'auoir cultiuée iuſqu'à vne extreme vieilleſſe. S. Irenée qui fut ſon ſucceſſeur en ſon zele & en ſa dignité tient auſſi vn rang conſiderable dans ce Temple de la Sageſſe, & des liures meſlez à des palmes, & aux ornemens Epiſcopaux montrent l'alliance qu'il a faite de la couronne du Martyre, auec celle de Docteur, & la mitre Epiſcopale.

S. Iubin comme le premier, qui porta le titre de Primat des Gaules y tient auſſi vne place des plus illuſtres. S. Eucher, S. Sacerdos, S. Patient, S. Ennemond, S. Loup, S. Remy, S. Viuentiol, S. Aubin, S. Helius, S. Niſier, & Sainct Iuſt Archeueſque de cette Ville.

Saint Anſelme, & S. Thomas Archeueſques de Cantorbie l'ont honorée de leur ſeiour, S. Bonauenture, & le B. François de Sales de leur doctrine & de leur ſaincte mort. Ce ſont auſſi les images les plus belles du Temple de la Sageſſe.

Entre

Entre les espaces de l'ordre Dorique sont representez tous les Peuples à qui ce Temple de la Sagesse est ouuert. La France y paroit la premiere comme celle à qui nous consacrons nos soins & nos trauaux les plus ordinaires, & parce que ce College a eu l'honneur de fournir six Confesseurs à nos Roys. Le P. Edmond Auger à qui cette Academie doit sa naissance & son progrez, fut celuy de Henry III. Le P. Pierre Cotton celuy de Henry IV. & de Louys XIII. Les Peres Arnoux, Maillan, Seguirand, & Suffren, qui furent appellez au mesme employ auoient aussi esté des sujets de ce College.

L'Image de cette Monarchie vestuë en Majesté, paroit dans le rauissement à la vûe de deux Anges qui luy presentent le globe du monde semé de fleurs de lys, comme vn augure de l'Empire qu'elle doit auoir vn iour sur tout le monde. Ces deux Genies representent les deux Empires d'Orient & d'Occident, qui doiuent se reunir vn iour en faueur de nos Monarques.

Dans les interuales des Pilastres, qui font vne espece de Portique ouuert, dans lequel cette figure est placée, sont attachez les Ecuſſons de tous les Eſtats que le Sang de France a poſſedez.

L'Ecuſſon de l'Empire d'Occident eſt mis à la droite, il eſt d'or à l'aigle de ſable au chef party ou à deux teſtes becqué, membré, & diademé de gueules chargé en cœur d'vn Ecuſſon ſemé de France, comme les Hiſtoriens les donnent à ceux de nos Roys qui ont eſté Empereurs.

Ces Empereurs du ſang de France ſont Charlemagne l'an 801. Louïs le debonnaire 813. Lothaire 820. Louïs II. 844. Charles le Chauue 875. Louïs le Begue 878. Charles le Gros 881. Arnoul 887. Louïs IV. huit cens nonante-neuf. Conrard. 911.

Le blaſon de l'Empire de Conſtantinople eſt à gauche. Il eſt de gueules à la croix d'or accompagnée de quatre Bezans de meſme, & chargée en cœur de l'Ecuſſon de Courtenay, qui eſt d'or à trois tourteaux de gueules. Ceux de cette maiſon, qui furent Empereurs de Conſtantinople ſont Pierre de Courtenay 1218. Robert l'an 1228. Baudoüin l'an 1228.

Les Ecuſſons de Nauarre, Sicile, Hongrie & Eſcoſſe ſont ſouz celuy de l'Empire d'Occident. Nauarre porte de gueules aux

chaiſ

chaisnes matrelées d'or, & liées en cœur d'vne Esmeraude de Sinople.

Sicile porte d'or à quatre paux de gueules flanqué d'argent à deux aiglettes de sable becquées & membrées de gueules.

Hongrie porte fascé d'argent & de gueules de 8. pieces.

Escosse d'or au Lyon de gueules enclos dans vn double trescheur fleuré & contre-fleuré de mesme.

Les Roys de Nauarre de la maison de France sont Philippe le bel 1284. Louïs Hutin 1305. Philippe le Long 1315. Charles 1321. Ieanne Fille de Louïs Hutin 1328. qui épousa Philippe d'Eureux. Charles le Mauuais 1349. Charles le Noble 1385. Blanche 1425. Antoine de Bourbon 1555. Henry le Grand 1572. Louïs le Iuste 1610. Louïs XIV. à present regnant.

Les Roys de Hongrie de la famille de France sont Charles dit Martel 1290. Charles dit Charobert 1310. Louïs, le Grand 1346. Marie sa fille 1382. Charles de Duras 1385. Ieanne 1419.

François II. fut Roy d'Escosse par son mariage auec Marie Stuart, heritiere de ce Royaume.

Sous l'Ecusson de l'Empire de Constantinople ou d'Orient sont ceux des Royaumes de Ierusalem, Naples, Pologne, & Portugal.

Les Armes de Ierusalem sont d'argent à la Croix potencée d'or accompagnée de 4. croisettes, de mesme celles de Naples estoient sous les Princes de la maison d'Anjou de semé de France au lambel de quatre pendans de gueules.

Celles de Pologne sont de gueules à l'aigle couronné d'argent lié d'azur, party de Lithuanie, qui porte de gueules au Caualier armé d'argent l'épée haute au bouclier d'azur chargé d'vne Croix double d'argent.

Celles de Portugal sont d'argent à cinq Ecussons d'azur mis en croix chargez de chacun de cinq bezans d'argent à la bordure de gueules chatelée de sept pieces d'argent.

Les Roys de Ierusalem & de Chypre de la maison de France sont Fouques V. Comte d'Anjou 1131. Baudoüin III. 1142. Amaury 1162. Baudoüin IV. 1173. Sybille 1185. plusieurs autres Princes de cette Maison ont porté le titre de Roys de Ierusalem, mais comme ils ne l'ont iamais possedé sode nous n'en faisons aucune mention.

Les Roys de Naples & Sicile de cette Royale famille sont Charles de France frere de S. Loüis l'an 1266. Charles II. 1289. Robert 1309. Ieanne 1343. Charles de Duras 1381. Loüis d'Anjou 1382. Loüis II. 1387. Ladislas 1390. Loüis III. 1419. René 1433. Charles VIII. 1495. Loüis XII. 1501.

Les Roys de Pologne du sang de France sont Charles dit Charobert 1315. Loüis le Grand 1370. Heduige sa Fille 1384. Henry de France 1572. qui fut depuis Roy de France.

Les Roys de Portugal sont sortis de la branche de Bourgogne, par Henry Comte de Portugal fils de Robert Duc de Bourgogne, qui étoit Fils de Robert Roy de France.

Les Armes des Duchez de Milan, de Gennes, de Bauiere, & de Lorraine sont encore aux pieds de la France pour auoir esté de mesme possedées par des Princes du mesme Sang.

A la droite de la France est l'Image de l'Eglise de Lyon, vestuë d'vne Aube & d'vne Chappe & tenant la Croix Primatiale de la gauche, de la droite elle s'appuye

puye ſur vn liure chargé des Armoiries de Monſeigneur noſtre Archeueſque, qui ſont d'azur au cheuron d'or accompagné de trois Croix ancrées de meſme. L'Eſcu eſt entouré du Cordon bleu dont pend la Croix de l'Ordre du S. Eſprit dont ce Prelat eſt Commandeur depuis la derniere creation des Cheualiers faite par ſa Majeſté le 1. Iour de Ianuier de cette année 1662.

Ce n'eſt pas ſans miſtere que les Armes ſont miſes ſur vn Liure, puis que ce grand Prelat protege les gens de lettres, & témoigne vne affection ſinguliere à ce College, qui luy doit ſes accroiſſemens. Ce Liure eſt ſoûtenu d'vn piedeſtal fait en forme d'Autel antique ſur lequel eſt graué vne inſcription comme vn illuſtre monument de l'honneur de la Primatie de Lyon maintenu dans la creation des Cheualiers du S. Eſprit, où cét Incomparable Prelat obtint auprés de ſa Majeſté de faire toutes les ceremonies en qualité de Primat; cette inſcription eſt conceuë en ces termes.

CAMILLO DE NEVFVILLE
PRIMATVS ASSERTORI
ECCLESIA LVGDVNENSIS.

Cette

au lyon d'argent couronné d'or. Celles de la Ville de gueules au lyon d'argent au chef cousu d'azur à trois fleurs de lys d'or. Celles du Forest de gueules au Dauphin pasmé d'or, lorré & oreillé d'azur. Et celles du Beaujolois d'or au lyon de sable, armé & lampassé de gueules brisé d'vn lambel de cinq pendans de mesme.

Dans cette mesme face, & sous le grand tableau est figurée la Ville de Lyon vestuë de violet, qui est sa liurée, & couronnée de creneaux à l'antique, assise sur vn lyon qu'elle couronne d'vn diademe de trois fleurs de lys, pour recompenser sa fidelité, & son obeissance enuers nos Monarques. Cette Nymphe tient sur le cœur l'Escusson de Monsieur du Sauzey, Preuost des Marchands comme le gage le plus cher & l'appuy le plus fort qu'elle ayt.

Ses armes sont d'azur à la tour d'argent buttée de sable sommée de deux Estoilles d'argent qui sont le Symbole des lumieres qu'il repand abondamment dans les deux charges qu'il exerce de Lieutenant particulier & de Preuost des Marchands.

Les armes des quatre Escheuins de cét année sont attachées aux deux Pilastres, pour apprendre que ces Meſſieurs ſont les appuys & les colomnes de cette Ville.

Celles de Mr. de Pomſaimpierre ſont d'azur à 2. colomnes Toſcanes d'argent.

Celles de Monſieur Thomé d'azur à vne teſte de cerf d'or.

Celles de Monſieur Pellot de ſable à vne tierce d'or.

Celles de Monſieur Arthaud d'azur à trois tours d'argent.

Ce ſont ces Meſſieurs, qui ont donné ces beaux ornemens de la peinture à noſtre Temple de la Sageſſe, dont leurs noms ſeront touſiours l'vn des principaux.

Apres auoir repreſenté dans cette face la France, l'Egliſe de Lyon, ce Gouuernement, & cette Ville, qui reçoiuent nos premiers ſoins, & nos trauaux ordinaires, nous auons auſſi repreſenté diuers Peuples, parmy leſquels les ſujets de ce College ont trauaillé & trauaillent encore à preſent. Ainſi l'on void vn Armenien, vn Tartare, vn Indien, vn Mandarin Chinois, & vn Braſilien ſous des Portiques ouuerts de ce Temple.

Les Prouinces du Royaume ſont ſeulement repreſentées par leurs armes.

Le Dauphiné qui porte de France ecartelé

telé d'or au Dauphin d'azur lampassé, lorré & oreillé de gueules.

La Bretaigne d'argent semé d'Hermines.

La Bourgoigne bandé d'or & d'azur à la bordure de gueules, ecartelé de semé de France à la bordure componée d'argent & de gueules, qui est Neuers ou Bourgogne moderne.

Guyenne de gueules au Leopard d'or.

Normandie de gueules à deux Leopards d'or l'vn sur l'autre.

Prouence d'azur à vne fleur de lys d'or surmontée d'vn lambel de gueules.

Languedoc de gueules à la Croix clechée, vuidée, & pommettée d'or.

Poitou de gueules à cinq tours d'or posées en sautoir.

Champagne d'azur à la cottice d'argent accompagnée de deux autres cottices potencées & contrepotencées d'or.

Auuergne d'or au Gonfanon de gueules frangé de Sinople.

Bearn d'or à deux vaches de gueules accollées, accornées, & clarinées d'azur ecartellé de Foix qui est d'or à trois paux de gueules.

Picardie de France ecartelé d'argent à trois lionceaux de gueules.

Les Ecuſſons de ces Prouinces ſont couronnez de couronnes Ducales ou de Comtes ſelon le titre qu'elles ont, & les cartouches en ſont attachées à des meufles de lyon, à des teſtes de Renommées, de Victoire, d'Hercule, de Mars, &c.

La face des Galleries, & les deuiſes éparſes par toute la cour au deſſous de la corniche Toſcane contiennent des enſeignemens Academiques.

Les termes qui ſont dans cette face repreſentent toutes les choſes, qui ſont neceſſaires à vn homme, qui pretend entrer dans le Temple de la Sageſſe. La premiere eſt le Temps, la Sageſſe étant ordinairement vn effet de l'experience, qui dépend de l'âge; ce temps eſt repreſenté par vn terme ſans bras pour montrer que le temps eſt de luy-meſme ſans action; il eſt caché depuis la ceinture dans vne gaîne à la façon des termes antiques pour ſignifier que le temps aduenir eſt caché. Il a vn tymbre ſur ſa teſte, & vn poudrier à ſes pieds, qui ſont ſes ſymboles ordinaires. L'Eſprit eſt encor plus neceſſaire que le temps dont il peut ſuppléer les manquemens. Il à icy les aiſles aux pieds & aux mains, qui ſont les expreſſions de la

viteſſe

viteſſe de ſes operations. La Lecture qui ſert à enrichir l'eſprit, fait le troiſiéme terme, & porte vne corbeille pleine de liures ſur ſa teſte. L'Attention eſt le quatriéme & fait aſſez connoître par ſon action combien elle s'attache à vn objet. La Meditation ou la reſuerie n'y eſt pas moins attachée qu'elle, & fait le cinquiéme de nos ſoûtiens. L'Aſſiduité, l'Exercice, la Memoire, le Iugement & le Trauail ſont les autres; ce ſont-là les voyes par leſquelles on peut entrer dans le Temple de la Sageſſe. Nous expliquerons les hieroglyphes, & les deuiſes Academiques apres auoir expliqué les Camayeux de l'hiſtoire de ce College, il ſuffit de dire que la deuiſe de nôtre reconnoiſſance eſt la premiere en entrant; c'eſt vn Arbre, qui a ſur ſon tronc & ſur ſes branches les noms de Meſſieurs les Preuoſt des Marchands & Eſcheuins auec ce bout de vers.

Dum creſcit nomina creſcunt.

Ce mot equiuoque *Nomina* ſignifie que nos obligations croiſſent à meſure que l'éclat de cette maiſon s'accroit par les bienfaits de ſes Fondateurs, & que leur reputation en deuient auſſi plus grande, com-

me

me les Noms écrits ſur l'écorce des arbres croiſſent auec ces meſmes arbres.

L'hiſtoire de ce College eſt repreſentée dans cette face où ſont quatre Medailles de nos derniers Roys, qui ont honoré cette Academie de leur Preſence. Henry III. eſt le premier, qui donna au P. Edmond Auger les plus beaux liures dont noſtre Bibliotheque eſt ornée, les autres ſont Henry IV. Louis XIII. dont l'appareil de la reception en cette Ville fut dreſſé par vn des noſtres. Il aſſiſta auſſi à vne action de Theatre faite dans ce College. Nous receumes le meſme honneur il y a quatre ans de noſtre incomparable Monarque dont la Medaille eſt la quatriéme. Toutes ces Medailles ſont placées entre des trophées, comme ſur autant de monumens de grandeur qui doiuent eſtre conſeruez par les Muſes.

Cinq Camayeux ſemblables à ceux qui ornent les autres faces font la beauté de celle cy. Le premier repreſente noſtre eſtabliſſement dans ce College par vn euenement qui merite d'eſtre ſceu. Ce fut l'occaſion de l'impieté que commit le Principal, qui eſtant heretique en ſecret ſemoit en public l'hereſie dans les inſtru-

ctions

ctions qu'il faisoit à la Ieunesse qu'on auoit fiée à sa conduite. Dieu ayant permis qu'il s'emportat iusqu'à ce point de fureur que de ietter vne pierre de la fenestre de son logis, sur le dais, qui couuroit le S. Sacrement en la procession de la Feste Dieu, il fut incontinent saisi par les Catholiques, & condamné a estre pendu & brûlé, ce qui fut executé le Mesme iour l'an 1565. ce fut Monsieur d'Albon Archeuesque qui pria le P. Edmond Auger, qui preschoit alors en cette Ville d'accepter le College, qui luy fut offert par les Magistrats de cette Ville, comme l'apprend l'inscription.

Collegium PP Societatis traditum.

Comme la reconnoissance doit toûjours suiure les bienfaits dans les Ames, qui sont bien nées, ce College en renouuelle la memoire, toutes les années suiuant les loix & la coustume de nostre Compagnie, qui pour nous inspirer des sentimens de reconnoissance oblige toutes nos Maisons à rendre publics ces sentimens, par vn compliment annuel & l'offre d'vn cierge que l'on donne à nos fondateurs a l'offertoire d'vne Meſſe. Ce cierge eſt le ſymbole de tous les ſujets de noſtre Compagnie, qui ſe conſacrent au ſeruice des Autels & conſument leur vies en eſclairant le prochain dans les Claſſes, dans les chaires, dans les miſſions Apoſtoliques & dans tous les exercices de charité. Il eſt auſſi la marque de noſtre reconnoiſſance qui n'eſt pas moins pure ny ardente que les flambeaux allumez, qui diſtillent leur vie goutte à goutte ſur les Autels & font vn ſacrifice continuel de lumiere & de bonne odeur. La matiere qui les compoſe eſt l'extrait le plus pur des fleurs, & le trauail de l'induſtrie & de la ſocieté, puiſque ce ſont les abeilles, qui en ſont les ouurieres. On ſepare cette cire du miel pour nous apprendre, que nous deuons laiſſer les douceurs dans le Siecle d'ou nous auons eſté tirez, & que ſi nous auons eſté blanchis & epurez par les rayons de la grace & par les ardeurs de la charité qui nous ont tirez de la craſſe & de l'ordure du Siecle. Nous deuons eſtre ſemblables à la colomne rayonnante des Hebreux, qui ſeruoit de flambeau dans les tenebres & de guide au Peuple de Dieu dans les routes les plus difficiles. Puiſque l'Egliſe meſme

nous

nous apprend, que le Cierge qu'elle benit pour ouurir la solemnité de Pasques, est le Symbole de cette colomne. C'est par le bout d'en haut que l'on allume ces flambeaux pour nous apprendre que les lumieres Diuines ne s'attachent qu'à la partie la plus haute de nous mesmes, & que ce feu descend insensiblement iusqu'aux parties les plus basses pour consommer l'holocauste par la victoire des sens, & leur assuiettissement à la raison. L'extrait des fleurs qui compose cette matiere qui sert d'aliment à ce feu eût eu le mesme sort que ces fleurs, si les abeilles ne l'eussent recueilli. Cela veut dire que tant de bons esprits, qui ont donné leurs soins & leurs veilles au seruice de Dieu, & à l'instruction du prochain dans ce College, auroient employé leurs lumieres à des bagatelles, & à des estudes inutiles, qui auroient peri auec eux s'ils estoient demeurez dans le siecle, au lieu que leurs soins sont mieux employez, & leurs trauaux plus glorieux. Souffrez donc que les considerant comme des flambeaux consacrez au culte de Dieu, nous fassions parler leur zele pour acheuer l'application de cét Embleme.

Ces flambeaux allumez, dont les langues
mouuantes
Se taiſent & parlent toûjours
Font de plus éclatans diſcours,
Que les ſçauans efforts des bouches Elo-
quentes:
Leurs mouuemens n'ont rien de bas,
Quoy que leurs feux ne puiſſent pas
Les degager de la matiere.
Leur deſtin n'eſt pas moins heureux,
Puis qu'ils meurent dans la lumiere,
Et ſe font vn bucher allumé de ces feux.

❧

Nous faiſons diſent-ils, le plus naif Em-
bleme
De ceux deuant qui nous brûlons
Qui comme nous nous immolons
Dans des feux auſſi beaux ſe conſument
meſme.
Leur Eſprit tend toûjours en haut,
De l'ombre du moindre defaut
Il craint d'obſcurcir ſes lumieres.
Ils n'ont que de iuſtes deſſeins,
Et leurs actions couſtumieres
Se reglent ſeulement ſur l'exēple des Saints.

Comme les flambeaux ſe communiquent mutuellement leurs lumieres, pour la conſeruer dans les autres à meſure qu'ils

ſe

se consument ; c'est aussi ce depost de reconnoissance que nos Peres nous ont laissé, & que receuront vn iour de nous ceux, qui succederont à nos obligations : c'est pour ce sujet que nous auons voulu faire vn tableau particulier de la ceremonie du iour de la Trinité, où le Recteur de ce College presente vn cierge à Messieurs les Preuost des Marchands & Escheuins ; ce cierge est ordinairement marqué du Nom de IESVS dans vne ouale rayonnante d'or sur vn fond d'azur. Il porte aussi les Armoiries de la Ville, & la datte de l'année, afin que comme les Romains contoient leurs années par les clouds, qu'ils plantoient dans les murailles de leurs Temples, nous contions celles des bien-faits que nous auons receu iusqu'à present par ces symboles de nôtre reconnoissance.

Comme ce bien-fait ne s'êtend pas seulement sur nous, mais encore sur toute la Ieunesse, que nous instruisons nous la faisons entrer en part de reconnoissance auec nous ; c'est pour cela qu'elle recite tous les ans à pareil iour des Poësies en diuerses langues à ses fondateurs & bienfaicteurs continuels, & si nous employons toutes les langues sçauantes pour nous acquiter de ce deuoir ; c'eſt touſiours auec vn meſme cœur que nous profeſſons cette debte. L'inſcription de ce Camayeu eſt celle-cy.

Annua Fundationis Memoria.

Le troiſiéme Camayeu repreſente la face lugubre de Lyon affligé de peſte, d'vne maniere ſi funeſte, que toute cette grande Ville ne ſemble plus qu'vn vaſte Cimetiere. L'on void des cadaures eſtendus au milieu des ruës, les Agonizans meſlés aux Morts, & des Fils qui deuenus parricides apres leur mort tuent par l'infection de leurs cadaures ceux qui leur ont donné le iour. Le P. Edmond Auger, dont les ſoins charitables pour cette Ville auroient receu des Couronnes & des Statuës chez les Romains, eſt la premiere de nos Victimes expoſées au ſeruice des Peſtiferez. Son exemple a eſté ſuiui d'vn grand nombre de ſes Freres, & nous conſeruons parmy nous la memoire de bon nombre qui ont fini leur vie dans vn employ ſi charitable. Le Titre de ce Camayeu eſt.

Victima charit. nadaſſi.

Socy pro peſte laborantibus expoſiti.

Le

Le quatriéme ſemble nous repreſenter vn objet auſſi pitoyable, ſi ſa reparation ne nous obligeoit à dire auec Sidonius, quand il parle des ruines de cette Ville. *Delectat meminiſſe mali, ipſa ruina placet.* C'eſt l'incendie de ce College, qui ayant été vn accident impreuû ſemble auoir été ſon bon-heur en le faiſant renaitre plus glorieux de ſes cendres, c'eſt ce que dit la deuiſe, qui eſt au deſſous, où l'on void vn vaſe de Terre de Fayence tiré du feu, qui luy a donné éclat auec ce mot.

Dopo il fuoco piu bello.
Le feu m'a rendu plus beau.

Ainſi ce qui nous a fait verſer des larmes, fait le ſujet de l'étonnement des Eſtrangers, & au lieu de dire auec le Poëte, qu'il ne reſte que de la cendre où furent des Temples & des Palais, nous diſons au contraire qu'il n'y a que magnificence, où il n'y auoit n'aguere que des cendres & de la fumée. Auſſi le dernier Camayeu repreſente ce rétabliſſement, & la viſite de ſa Majeſté & de la Reyne ſa Mere à qui ce College doit ſa reparation; c'eſt par les ſecours de cette Princeſſe liberale & magni-

fique

fique qu'il s'eſt releué de ſes ruines; & nous l'auons voulu repreſenter elle-meſme voyant l'ouurage de ſes bien-faits. Les deux inſcriptions de ces Camayeux ſont,

Collegij Incendium.
Collegium Reſtauratum.

Les Hieroglyphes de la Friſe Dorique, qui ſont en toute cette face repreſentent les vices, les vertus, les eloges, & les marques d'honneur des Sçauans.

Le premier eſt vne cloche pour repreſenter Appion le Grammairien que Tibere appelloit *Cymbalum Mundi*, & pour apprendre que c'eſt vn vice en vn Sçauant, de parler trop hautement dans les aſſemblées, & de ſe loüer ſoy-meſme; au contraire, la modeſtie eſt la plus belle qualité d'vn homme, qui ſçait quelque choſe.

Le ſecond eſt vne oye, qui eſt le ſymbole de la démangeaiſon de parler, qui eſt vn autre vice inſupportable en vn homme de Lettres: il en eſt qui ſe rendent importuns par ce defaut, voulant inceſſamment parler, ſans qu'ils donnent loiſir aux autres de

M leur

leur répondre ou de parler à leur tour ; cét oyseau en est doublement le Hierogly-phe, parce qu'outre qu'il a vn son des-agreable, il a vne auidité si grande, qu'il arrache à ses compagnons ce qu'ils ont déjà au bec, & à demy englouti, semblable à ceux, qui ne sçauroient oüir personne sans l'interrompre & sans luy arracher ses pensées pour le preuenir en les disant. Le nom de cét oyseau n'est passé en prouerbe pour ces sortes de gens, qu'à cause d'vn Poëte nommé *Anser*, qui estant atteint de ce defaut, & ennemy de Virgile luy donna occasion de s'en plaindre en son Eclogue IX. où il dit,

Argutos inter strepere Anser olores

Sur quoy Seruius son ancien interprete adjouste *Alludit ad Anserem quemdam Antonÿ Poëtam, qui eius laudes scribebat, quem ob hoc per transitum carpsit. Fuit vir is omnibus ferè eruditis viris ore quodam temerario ac petulanti infensus.* Aussi n'est-il presque aucun Sçauant, qui n'ayt donné vn coup de bec à cét oyson. Ciceron dans ses Philippiques. *Ex agro Phalerno Anseres depellantur*, surquoy Seruius adjouste en- *Seruius in Ecl. IX.*

 core

core *Ipſum enim agrum ei donarat Antonius.* Ouide dit du meſme. *Cinnâque procacior Anſer.* Properce.

Trist. l. 2.
l. 2. Eleg. 34.

—— *Canorus.*
Anſeris indocto carmine ceſſit olor.

Ce vers de Virgile donna occaſion à Cotta Poëte Veronois, de conſeiller au braue Aluian de faire de cét oyſeau vne deuiſe de la temerité d'André Loredan, qui ayant tant fait par ſes crieries & ſon opiniâtreté dans ſon conſeil de guerre, que l'on prit vn parti qui fut la cauſe de la perte de l'Armée, il y demeura enueloppé, & paya ſon mauuais conſeil par vne mort precipitée. Le braue Aluian qui auoit perdu ſon Eſtendard en cette occaſion ne voulut pas inſulter à la memoire d'vn Mort & refuſa cette deuiſe qui repreſentoit vne Oye entre des Cygnes auec ces mots.

Paul Giouio. Impreſe pag. 76.

Obſtrepuit Anſer inter olores.

Elle conuient à ces ſortes de Gens, qui étant Ignorans s'ingerent aux aſſemblées des Sçauans, & parlent plus qu'eux.

Le Chien qui fait le troiſiéme Hieroglyphe eſt en meſme temps le ſymbole de Diogene, & de ceux qui ne ſçauroient écrire

Diog. Laërt.

écrire ou parler sans mordre quelqu'vn, c'est vn des plus grands vices, que puisse auoir vn Sçauant. C'est en ce Diogene, que commença la secte Cynique de certains Philosophes impudens comme leur Chef.

Le Porceau qui fait le charactere d'Epicure au sens d'Horace

Cum ridere voles Epicuri de grege porcum. *Horat. epist.*

fait aussi celuy de ces autheurs impudiques & debauchez qui ne s'attachent qu'à l'ordure.

La Seche qui est vn poisson, qui iette vne humeur noire comme l'ancre pour se couurir, est l'Image des Esprits obscurs & embarrassez, soit qu'ils affectent ces obscuritez, soit qu'elles soient vn deffaut de leur Esprit. Atticus Philosophe Platonicien faisoit de ce poisson le Symbole d'Aristote, qu'il disoit auoir affecté des tenebres pour se couurir. *Atticus Philosophus non inelegans Platonis propugnator facetè dicebat, Aristotelem in suis scriptis facere, quod facit in mari Sepia. Vt enim hæc sparso sub oculos manumque piscatoris suo succo elabitur. Ità ille deprehendi metuens sen-* *Vlyss. Aldrouand. de Mollib. l. 1. cap. 4. de Sepia.*

tentias de industria obscuritatibus offuscat.

Les cinq Hieroglyphes suiuans expliquent les voyes par lesquelles on deuient sçauant, & sont autant de Symboles particuliers de differentes personnes.

Le premier est le Singe, qui represente l'Imitation, n'y ayant aucun animal, qui imite plus les actions d'autruy que luy. Il est le Symbole de Tatianus vn Orateur qui exprimoit heureusement tout ce qu'il voyoit.

Cælius Rhodiginus.

Le Serpent plié en rond est le Symbole de la reflexion & de Demosthene, qui fut appellé des Grecs Ἀργὰς, & Suidas dit que c'est le nom de ceux qui sont plus sages, & ont plus d'experience que leur Aage ne porte.

L'Abeille est le caractere de ceux qui recueillent les endroits les plus beaux des Liures sçauans, comme cette insecte recueille le miel sur les fleurs. C'est aussi le nom que l'on donna à Xenophon, que Suidas nomme *Apis Attica.* Sophocle fut aussi appellé Μελίσσομος à cause de la douceur de ses expressions.

Le bœuf qui est le symbole du trauail, est celuy de S. Thomas d'Aquin, qui ayant esté appellé en sa ieunesse par derision

Bos

Bos mutus a fait depuis ouyr ses Mugissemens par tout le Monde, comme l'auoit predit son Maistre Albert le Grand.

L'Ours designe ceux qui lechent leurs ouurages, & qui les retouchent souuent, comme cét animal donne la forme à ses petits à force de les lecher.

Les symboles suiuans sont les Eloges de diuers Sçauans de ce Siecle representez en Images. Le premier est vn cigne pour Lope de Vega celebre Poëte Espagnol, qui par la douceur de ses meurs aussi bien que pour celle de ses vers fut nommé *Cisne de Apolo*, cygne d'Apollon. Le Lys & la Rose le sont d'Vrbain VIII. qui est designé dans les Propheties de S. Malachie par ces deux fleurs, *Lilium & Rosa*. Le Lynx est celuy de Galilée, qui fut ainsi nommé à cause de la subtilité de son Esprit. Les deux Estoiles des deux Freres de saincte Marthe, nommez par les Sçauans *Geminæ sidera*. Le Puy l'est de Messieurs du Puy dont la profonde erudition estoit exprimée par leur propre nom.

Les cinq interualles suiuans sont remplis du Bonnet quarré, de l'Anneau, de la Couronne de laurier, de la Cornette, & du Liure, que l'on donne aux Docteurs.

 Enfin

Enfin les cinq derniers contiennent quelques marques particulieres de la Science. Les pierres du Rational du grand Prêtre *Vrim & Thumim*, qui ſignifioient *Doctrine & Verité*. Vne Peſche auec ſa feuille, qui êtoient chez les Egyptiens le ſymbole du cœur & de la langue, qui doiuent être d'accord en vn Sçauant. Enfin le Laurier, la Palme, & la Statuë ſont la recompenſe des Illuſtres.

Les Armoiries des Villes où ſont tous les Colleges de la Prouince de Lyon ſont figurées ſur la friſe Toſcane. Celles de Lyon ſont de gueules au Lyon d'argent, au chef couſu d'azur chargé de 3. fleurs de lys d'or.

Auignon de gueules à trois clefs d'or poſées en fâce.

Dole de gueules au Soleil d'or au chef d'azur, au Lyon naiſſant d'or ſemé de billettes de même.

Chambery de gueules à la Croix d'argent & vne étoile d'or au canton dextre du chef.

Aix d'or à quatre paux de gueules au chef party de Ieruſalem qui eſt d'argent à la Croix potencée d'or, accompagnée de quatre croiſettes de même, & d'Anjou Sicile, qui eſt ſemé de France au lambel de gueules.

Gre

Grenoble d'or à trois rozes de gueules boutonnées du champ.

Besançon d'or à l'Aigle de ſable becqué & membré de gueules, ſoutenant deux colomnes Toſcanes d'argent.

Vienne d'or à l'orme de ſinople.

Arles d'azur au Lyon leopardé accroupy d'or.

Niſmes d'or au Palmier de ſinople d'où pend vn Crocodille d'azur lié de méme.

Ambrun d'azur à la Croix d'argent.

Chalon d'azur à trois Annelets d'or.

Carpentras de gueules au mors de bride de fer, ou au naturel ; c'eſt la figure du S. Cloud, que Conſtantin fit changer en mors qui eſt Religieuſement conſerué en la grande Egliſe de cette Ville.

Maſcon de gueules à trois Annelets d'Argent.

Bourg party de ſinople & de ſable à la Croix trefflée ou de S. Maurice d'argent.

Roanne d'azur au croiſſant dargent.

Gray de à trois flames de au chef du Comté de Bourgogne déja blaſonné aux armes de Dole.

Veſoul les armes du Comté de Bourgogne briſées d'vne trangle de gueules brochant ſur le lyon.

Entre

Entre ces Armoiries on lit cette inſcription.

Collegia Prouinciæ Lugdunenſis Soc. IESV.

Cette Prouince a cela de ſingulier qu'elle a vû ſes Colleges ſous cinq Souuerains differens, puis qu'outre les Colleges qui ſont de France elle a ſous le Pape Auignon & Carpentras, Beſançon ſous l'Empereur. Dole, Gray, & Veſoul ſous le Roy d'Eſpagne, & Chambery ſous le Duc de Sauoye.

Les Images des quatre parties du monde rempliront les quatre portiques vuides, qui ſont repreſentez dans cette face.

Les deuiſes Academiques éparſes dans toutes les faces ſont.

I. Des Eſtoiles auec ce mot.

Cælo hærent, lucentque ſolo.

Qui nous apprend que les Sçauans comme les Aſtres doiuent être attachez au Ciel & éclairer la Terre de leurs lumieres.

II. Vn Eſſain d'Abeilles auec ſa ruche.

Dulcis & aſſiduus labor.

Le

Le trauail des Gens de lettres pour être assidu, ne laisse pas d'être doux.

III. Vn Aigle, qui expose ses petits aux rayons du Soleil.

A teneris luce imbuit.

On éleue à bonne heure la Ieunesse à la pieté, & on luy inspire dés l'Enfance le culte de Dieu.

IV. Vn Essain d'Abeilles auec son Roy.

Regis in obsequium formantur.

Nous luy inspirons encore le respect & la soumission aux ordres de nos Monarques.

Nous fimes presenter cette deuise à sa Majesté, quand elle honora ce College de sa presence.

V. Des fleurs qu'vne main arrose auec vn vase.

Ygualmente à Todos
A Tous également.

Comme la main qui arrose distribuë l'eau également au Tulipes, aux Anemones, aux Violettes, aux Soucis, aux Lys & aux Rozes. De méme nous instruisons également grands & petits, riches & pauures.

VI. Vn Liure sur la pierre auec le marteau pour eſtre battu, & vn autre en preſſe.

Tunſionibus & preſſuris.

Il faut beaucoup ſouffrir, auant que l'on puiſſe eſtre ſçauant.

VII. Vn arbre chargé de fruits, & entouré de fumier.

Et fructus de fæce trahit.

C'eſt ainſi que les Sçauans doiuent ſe ſeruir de la lecture des Liures des Payens.

VIII. Vne Main qui ſeme du bled.

Fructum dabit in tempore ſuo.

L'Inſtruction que nous donnons à la Ieuneſſe quelque ſterile qu'elle ſemble au commencement produira des fruits dans ſon temps.

IX. Vne Grenade ouuerte.

In ſemine fructus.

Comme le fruit de la Grenade eſt en ſa ſemence, il y a auſſi beaucoup de fruit dans les commencemens de l'Eſtude quelques petits qu'ils puiſſent ſembler.

X. Vne Main qui change des Armes d'or & d'argent en des Calices & d'autres Vaſes ſacrez.

Melioribus vſibus aptat.

Nous tâchons d'inſpirer à la Ieuneſſe vn bon vſage des auantages de la fortune.

XI. Vn

XI. Vn Figuier chargé de figues.

Dulcis fructus radicis amaræ.

Cét Arbre qui a les fueilles & la racine fort ameres a les fruits tres doux. Il eſt le ſymbole de l'Eſtude dont les commencemens ſont fâcheux, mais dont les fruits ſont agreables.

XII. Vn Parterre dont les fleurs negligées tombent par fueilles.

Si cultura deeſt langueſcunt.

Si les Eſprits ſont negligez ils s'abaſtardiſſent comme les fleurs. Ils ont beſoin de culture comme elles, ſi l'on veut qu'ils reuſiſſent.

Enfin les deux dernieres Deuiſes placés ſur les feneſtres de la Claſſe de Rhetorique conuiennent à cét Art en particulier.

La premiere eſt vn arbre fleury auec ces mots Eſpagnols.

Florece para frutar,
Il fleurit pour faire du fruit.

Les Fleurs de l'Eloquence ne doiuent tendre qu'à la perſuaſion, particulierement celles de l'Eloquence Chreſtienne doiuent

doiuent eſtre toutes employées à produire du fruit dans l'Egliſe, par la conuerſion des ames.

La ſeconde eſt vne montre de pochette fermée dans ſa boëtte auec ces mots,

Artem celat.

Qui nous enſeigne que c'eſt vn des principaux artifices de l'Eloquence, de ſçauoir cacher ſes artifices.

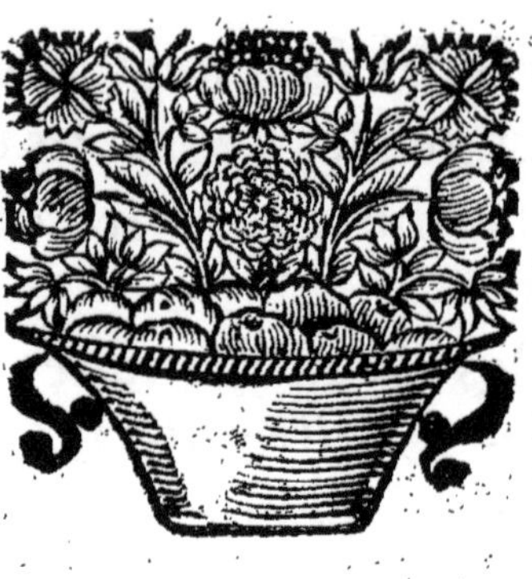

DESCRI

DESCRIPTION
ET EXPLICATION
DES MONTRES SOLAIRES;

Tracées dans les trois Faces de la Grande Cour du College de la Trinité.

LE Temple de la Sageſſe, que noſtre Compagnie ouure par ſes employs differens à toutes les Nations du Monde, pour rendre les Sciences & les Peuples tributaires à la Sageſſe Diuine, eſt ſi grand & ſi auguſte, que tous les traits de la Peinture la plus ſçauante, & la plus hardie, n'en ſcauroient faire vn crayon aſſez iuſte. Il a fallu pour ſuppléer à ce deffaut employer tous les rayons du Soleil, & ſe ſeruir de toutes les adreſſes de la Gnomonique pour faire l'Image de ces belles entrepriſes

treprises, en vnissant toutes les lignes de cette Science, & tout l'éclat de cét astre pour nous acquiter de nostre dessein par vn meslange sçauant d'ombres & de lumieres, qui font le tableau du Sage, qui entre souuent également de la bonne & de la mauuaise fortune. Il n'en est point aussi de plus iuste, que nos montres, puis que comme elles il est l'Oracle public autant qu'il reçoit de lumieres du Ciel, & sert de regle à tout le monde en se reglant sur les mouuemens de l'astre, qui l'éclaire. Il est tousiours égal à soy mesme dans toutes les inegalitez des aspects de la fortune, & quoy que sa vie soit autant trauersée que les lignes de nos montres se coupent, & se croisent en diuers endroits, il ne perd rien de sa Iustesse. Il se contente du rang ou la fortune l'a placé, & sans enuier le sort de ceux qui recoiuent plus de lumieres, & marquent plus d'heures que luy dans vne vie plus longue, il est aussi indifferent à regarder le Soleil couchant que le leuant ou le midy, & ce luy est assez de ne point manquer à ses heures. Il s'accommode mesme aux lieux où il se trouue, & s'ajuste au plan qu'on luy donne, bien different de ces Esprits mal tournez, qui voudroient doient que tout s'accommodast à eux. C'est sur les lignes du temps & non pas sur celles de la main, que le Sage doit establir sa fortune, & iuger des euenemens; & pour acheuer l'application de nos Montres, il doit estre iuste à toutes les heures comme elles, quoy qu'en die le vieux prouerbe. Aussi y a-t'il cette difference entre les montres au Soleil, & les horloges à roües, que ceux-cy se deconcertent ayzément parce que leur iustesse depend des roües & des ressorts, qui les meuuent, ceux là au contraire sont toûjours également reglez, & sont en ce sens le caractere du vray Sage, bien different de ces Politiques, qui n'agissent que par les ressorts d'vne prudence purement humaine, qui est souuent confonduë dans ses desseins & dereglée dans ses mouuemens. Mais venons enfin à l'explication de nos montres, & rentrons dans nostre sujet, aprés auoir exposé les raisons qui nous ont fait mettre les ouurages de la Gnomonique dans le Temple de la Sagesse.

Nemo omnibus horis sapit.

Cette Montre est decrite sur vn plan qui a quarante pieds de hauteur sur trente de largeur, & elle occupe l'espace le plus grand du centre de nôtre Court.

Ce

Ce Temple des Sciences ayant été dedié à la Sageſſe incréée, dans l'enceinte du College de la tres-Sainte Trinité, ſous le Regne heureux de Louïs Auguſte Pacifique & Dieu-donné, & ſous le paiſible Gouuernement de Noſſeigneurs de Ville-Roy & dans l'vne des plus floriſſantes Villes de l Europe, Fondatrice de ce méme College. Il falloit que nôtre Gnomonique, qui auoit autrefois dreſſé l'Horoſcope de cette Academie ſur les aſpects fauorables de Louïs le Iuſte de triomphante memoire fit de nouueaux efforts pour tracer en caracteres de lumiere les chiffres auguſtes de la Sageſſe Diuine à qui ce Temple eſt conſacré, ceux de la tres-adorable Trinité à qui ce College eſt dedié; ceux de nôtre incomparable Monarque, qui apres l'auoir touſiours protegé l'honora de ſa preſence l'an 1658. ceux de nos illuſtres Gouuerneurs, à qui cette Academie doit tous ſes progrez, & ceux d'vne Ville ſi magnifique en nôtre endroit.

L'an 1622. en ſon entrée dans ce College.

La reconnoiſſance, que nous deuons à tant de bien-faits differens, qui ſe reuniſſent tous dans nos Cœurs pour en rendre la memoire immortelle nous ont obligé de diuiſer nôtre Gnomonique en cinq parties, dont.

La

La Premiere rapporte tous nos employs à la Sageſſe increée ; dont noſtre Compagnie tire ſon Saint Nom.

La Seconde les conſacre à la Trinité, qui fait le titre particulier de ce College.

La Troiſiéme fait le tableau des vertus Royales de ſa Maieſté.

La Quatriéme ne tend qu'à faire paroître la gloire de l'Illuſtre Maiſon de Villeroy.

Et la Cinquiéme reunit toutes ces lignes pour en faire vne Couronne plus auguſte à la Ville de Lyon.

Pour commencer par la premiere de ces parties, il nous faut decrire la piece Principale de noſtre Gnomonique qui eſt le Nom de Iesvs, qui fait la plus grande de toutes nos montres, placée dans le centre de la Cour, comme le chiffre principal du Temple de la Sageſſe.

Cette Montre eſt décrite ſur vn plan, qui porte quarante pieds de haut ſur trente de large, & qui regarde le Midy dont il reçoit les rayons, pour nous apprendre que le ſage doit eſtre eclairé du grand iour & des lumieres les plus fortes de la Sageſſe.

Nous auons donné à cette Montre le Nom *d'Horloge vniuerſel de la Compagnie,* non ſeulement parce que les Rayons qui sortent du Nom de IESVS marquent exactement quelle heure il est dans tous les Colleges de nostre Compagnie, en quelque endroit du monde qu'ils soyent, mais encore parce que ce Nom Adorable est le Soleil qui marque vniuersellement aux sujets de nostre Compagnie épars dans tout l'Vniuers, toutes les heures & tous les momens de leurs employs, pour la glorification de ce Nom. Mais pour vous faire entrer plus auant dans la pensée qui fait le sujet de ce dessein, il est necessaire de vous en expliquer les parties exactement.

Le Nom de IESVS, qui est le fond de cet Horloge est couronné de 24. rayons d'or qui marquent les 24. heures du iour Astronomique. Les pointes de tous ces rayons sont terminées par vne couronne composée de 96. Estoiles d'or, pour faire vn second diademe de lumiere au Nom de IESVS. 24. des Estoiles sont de la premiere grandeur posées directement à la pointe des rayons pour marquer le commencement des heures. Les autres qui sont plus petites marquent les quarts d'heure.

Au dehors de cette Couronne d'Estoiles on void trente sept autres rayons qui partant

partant du Nom de IESVS luy font vn troisiéme diadéme composé des trente-sept Prouinces, & des trente-sept Colleges Prouinciaux que nôtre Compagnie a par tout le Monde, dont les Noms sont écrits dans ces rayons. Au bout de chaque Nom de ces Colleges est vne chiffre qui marque le degré de longitude du Meridien, qui passe par le Zenith de ce méme College.

Toutes les couronnes, & les rayons de cet Horloge vniuersel sont enfermés dans vn quadre diuisé Gnomoniquement en 360. degrez que nous auons distinguez de quinze en quinze, pour les reduire au nombre de vingt-quatre heures, dont chacune est composée de quinze degrez; ces 360. degrez sont les degrez de longitude de tous les lieux de la terre.

La deuise qui regne tout autour est celle que l'Eglise donne à la Mission des Apostres.

In omnem terram exiuit sonus eorum. Ps.18.

Enfin le cordon, qui est au dessous du quadre, & au dehors est diuisé gnomoniquement en des parties, qui marquent non seulement les heures, & les quarts d'heure, mais encore les minutes.

Voicy la methode & la maniere de connoitre sur cette montre quelle heure il est en mesme temps par tout le monde, principalement dans tous les endroits où sont nos Colleges Prouinciaux, dont les noms sont marquez dans les rayons de la troisiéme couronne du Nom de IESVS.

Il faut premierement chercher dans cette troisiéme couronne le Nom du College Prouincial où vous desirez sçauoir quelle heure il est, & prenant garde au chiffre qui est à l'extremité de ce Nom vous aurez le degré de longitude du Meridien, qui passe par le Zenith de ce College. Vous chercherez en suite dans le quadre de l'Horloge, ce mesme degré de longitude, & vous conterez dans ce méme quadre combien il y a de quinzaines de degrés depuis ce degré de longitude jusqu'à celuy que l'ombre coupe pour lors, & il sera autant d'heures deuant ou apres Midy au lieu de ce College, combien il y a de quinzaines de degrez depuis celuy de longitude marqué dans le quadre. Si l'ombre du style n'a pas encor passé ce degré, ce sera auant Midy, si elle l'à desia passé ce

sera

ſera apres Midy, que ſi les quinzaines de degrez ne ſont pas toutes entieres vous adjouſterez ou retrancherez à proportion de l'heure, prenant quatre minutes d'heures pour chaque degré, comme chaque heure eſt composée de ſoixante minutes, voicy vn exemple pour rendre cecy plus ſenſible & plus facile.

Suppoſons que vous voulez ſçauoir quelle heure il eſt à Goa, il vous faudra chercher dans la troiſiéme couronne des Prouinces, & des Colleges le nom de celuy de Goa, & remarquer quel eſt ſon degré de longitude, vous trouuerez que c'eſt 100. qui eſt écrit ainſi GOA-100.

Et cela veut dire que le Meridien qui paſſe par le Zenith de Goa eſt éloigné de cent degrez du premier Meridien qui paſſe par les Iſles fortunées dont ont commencé à les compter. Aprés auoir trouué ce 100. il le faut chercher ſur le grand Quadre, & contant depuis ce 100. par le chemin le plus court iuſqu'au degré que l'ombre du ſtyle coupe alors ſur le quadre, combien il y aura de quinzaines de degrez. Suppoſons que vous en auez trouué deux quinzaines preciſement vous concluſrez donc qu'alors l'on conte à Goa

 deux

deux heures deuant midy ou apres midy. Deuant midy, si l'ombre du style n'est pas encore arriuée au 100. degré du quadre, apres midy si l'ombre du style a déja passé sur ce 100. degré du quadre.

Si vous considerez bien cette methode des heures vniuerselles, vous aduoüerez qu'elle est d'autant plus estimable qu'elle est plus simple; puis que l'ombre d'vn simple style coupant vne simple ligne diuisée gnomoniquement en degrez, marque tres exactement quelle heure il est au mesme temps dans tous les endroits du Monde. Nous estimons beaucoup les inuentions dont tous les autres Gnomoniciens se sont seruis pour marquer les heures vniuerselles sur le plan d'vn méme Horloge, les vns par la multiplication des styles & des Horloges differens sur vn méme plan, les autres par le mouuement d'vne roüe, que l'on ajuste à tous les degrez de longitude. Neantmoins nôtre Gnomonique à voulu inuenter vne methode plus simple & plus facile que celles-là pour mieux representer par l'vnité d'vn rayon, & d'vne ligne, qui marque les heures de tout l'Vniuers, l'vnité des lumieres que nôtre Compagnie emprunte du

Nom

Nom de IESVS pour le faire connoître à tout le monde. Auſſi n'eſt-il aucun trait dans cette Montre, qui n'ait ſon application particuliere.

Si nous auons couronné le Nom de IESVS de 24. rayons d'or, qui marquent les 24. heures du iour, c'eſt pour ſignifier que toutes les heures ſont dorées dans le Temple de la Sageſſe, & que ce ſont elles ſeules, qui compoſent le ſiecle d'or, qui eſt le ſiecle des perſonnes, qui vniſſent la Vertu à la Science, auſſi ſont-ce des heures bien pretieuſes, que celles qu'on donne à leur acquiſition.

Les Eſtoiles, qui font vn ſecond diadéme de lumiere à l'auguſte Nom de IESVS deja couronné de ſes propres rayons, ſont des Aſtres, qui reçoiuent tout leur éclat du Soleil pour les communiquer aux Peuples, & ſont en ce ſens les Emblemes des perſonnes de nôtre Compagnie, puis qu'elles conſacrent à l'inſtruction des peuples les lumieres qu'elles reçoiuent de la Sageſſe Diuine, c'eſt l'oracle du S. Eſprit qui nous l'apprend.

Qui erudiunt ad Iuſtitiam multos tanquam Stellæ.

C'eſt

C'est aussi cét Oracle que nous auons fait écrire aux costez de cette montre.

Ce n'est pas aussi sans ce dessein que ces mesmes estoiles d'or seruent à marquer les heures & les quarts d'heures dans cét horloge, puis que c'est le propre des Maistres & des Predicateurs d'enseigner le bon vsage du temps, & de marquer à tous les Peuples les heures, qu'ils peuuent sainctement consacrer au culte de Dieu, & à l'estude de la Sagesse.

Nous auons fait vne couronne à ce mesme nom de IESVS des trente sept Prouinces que nostre Compagnie a par tout le Monde. En disposant tellement leurs noms qu'ils vont tous se rendre à celuy là, comme autant de lignes à leur centre, pour montrer que tous nos desseins, & tous nos employs doiuent tendre à glorifier cét Auguste Nom, & faire vne couronne à IESVS-CHRIST de tous les Peuples conuertis à son Seruice.

Esai.18. Ite Angeli veloces.

Les Anges qui enflent des trompettes aux angles de cette montre, & qui sont entourez de nuës, sont les symboles des Hommes Apostoliques, selon le sentiment d'vn Prophete, comme les trompettes sont celuy de leur ministere, & de la predication,

dication, qui doit être animée de l'eſprit de Dieu, comme c'eſt le ſouffle, qui anime cét airain: c'eſt auſſi ſans doute ce que vouloit dire Ceſarius, quand il appelloit les Saints Peres les flutes du S. Eſprit, non ſeulement parce qu'ils êtoient les interpretes de ſes Oracles, mais encore parce qu'ils les rendoient doux & agreables à tous les Peuples par la iuſteſſe de leurs actions, & les charmes de leur eloquence, comme les mouuemens des doigts rendent doux & agreable le vent qu'on donne à ces inſtrumens: ce ſont ces Oracles que nôtre Compagnie fait retentir par tout le monde, & ce qui nous a obligé de mettre autour de nôtre quadre. Dub. 1. *Fiſtulæ Spiritus ſancti:*

In omnem terram exiuit ſonus eorum.

Enfin tout noſtre Horloge vniuerſel dont le propre eſt de faire voir à chaque moment toutes les vingt-quatre heures du iour dans les Prouinces differentes, nous apprend auſſi qu'il n'eſt aucun moment où pluſieurs de nos Peres n'offrent le plus Saint des Sacrifices à celuy dont le Nom eſt grand parmy toutes les Nations, & que noſtre Compagnie verifie heureusement la Prophetie de Malachie.

A b ortu solis vsque ad occasum magnum est nomen meum in gentibus, & in omni loco sacrificatur, & offertur nomini meo oblatio munda, quia magnum est nomen meum in gentibus, dicit Dominus exercituum.

II.

Le Temple des Sciences ne peut estre dedié à la Sagesse increée, qu'il ne le soit par la mesme cõsecration à la tres adorable Trinité; non seulement parce que toute la Diuinité habite dans IESVS CHRIST dont le nom fait le chiffre auguste de ce Temple, mais encor parce que ce College dont nous faisons le Sanctuaire de la Sagesse est consacré à cét adorable Mystere, dont il porte le titte depuis son institution. Il falloit donc que nostre Gnomonique apres auoir exprimé en general les employs de nôtre Compagnie dans le Saint Nom de IESVS, fit aussi vn rayon de ce Mystere auec les rayons du Soleil.

C'est pour ce sujet que nous auons suspendu en l'air trois Soleils dorez d'vne mesme grandeur, & d'vne mesme eleuation, qui portent vn mesme rayon sur la muraille, pour faire voir dans ces trois Soleils vne ombre quoy qu'imparfaite des trois

trois auguſtes Perſonnes dans l'vnité parfaite d'vne meſme eſſence, & ce Symbole ne pouuant pas eſtre aſſez iuſte dans ſes rapports pour exprimer ce que la Foy nous enſeigne de ce Myſtere, nous en auons corrigé les defauts par cette deuiſe tirée de S. Iean.

Et hi tres vnum ſunt.

Il parut de la ſorte trois Soleils à Rome du temps d'Auguſte.

Ces trois Soleils ſont percez au milieu pour receuoir autant de rayons dont nous nous ſeruons pour exprimer vne Trinité d'heures, dont les points Cardinaux ſe trouuent dans l'Hemiſphere Occidental du Ciel qui eſt regardé par le plan de nos Horloges. De ces trois ſortes d'heures, les vnes commencent depuis Midy, les autres depuis le coucher du Soleil, & les troiſiémes depuis le coucher du crepuſcule. Afin que de cette Trinité de rayons, & d'heures, qui toutes dans leurs differences marquent vn méme lieu d'vn méme Soleil dans le Ciel ſans aucune diſtinction, nous formaſſions vn ſecond ſymbole du myſtere de la Trinité.

Le Soleil le plus proche du fond de la

Cour marque par son rayon trois choses differentes sur le plan de son Horloge, à sçauoir combien il reste d'heures iusqu'au coucher du Soleil, combien il en est écoulé depuis son dernier coucher, & la durée exacte des iours & de la nuit : ces trois demonstrations Gnomoniques nous font vn troisiéme symbole de la Trinité. Parce que bien qu'elles soient tres-differentes dans leurs rapports elles se reduisent neantmoins à l'vnité d'vne méme demonstration, de l'étenduë d'vn mesme iour, qui est tousiours le mesme, soit que l'on le considere auec la relation de son commencement, ou auec la relation de son terme, ou auec celle de son milieu, & de tout ce qu'il contient entre son commencement & son terme.

De mesme le second Soleil marque par vn rayon tres-simple trois choses differentes sur le plan de son Horloge : c'est à dire les heures, qui restent iusqu'au coucher du crepuscule ; les heures qui sont écoulées depuis le dernier coucher du crepuscule le plus voisin, & en troisiéme lieu la durée du crepuscule du matin & du soir pour chaque iour de l'année.

Cette Trinité de demonstrations qui aboutit

aboutir à vne ſeule demonſtration de tour d'étenduë du iour, composé de toute ſa plenitude de lumiere, depuis vn crepuſcule iuſqu'à l'autre, nous fait vn quatriéme rayon de la Trinité des perſonnes, de qui toute la distinction ſe termine à l'vnité d'vne eſſence, dont le veritable caractere n'eſt autre que la plenitude de l'eſtre.

Le troiſiéme Soleil marque par le rayon qu'il reçoit les heures du iour Aſtronomique, qui commence par vn Midy, & finit par vn autre Midy, & paſſe du Midy de ſon commencement au Midy de ſon terme par vn milieu de lumiere, pour nous donner vne autre idée du myſtere de la Trinité, dont le iour Eternel commençant par le Midy des lumieres du Pere, ſe termine au Midy des ardeurs du S. Eſprit, & paſſe du Midy du Pere au Midy du S. Eſprit par les ſplendeurs du Verbe Eternel, ſans aucune fin ny commencement, qui le limite. Auſſi pouuons nous donner pour deuiſe à ces trois Montres auſſi-bien qu'aux trois Soleils.

Et Hi tres vnum ſunt.

Puis que leurs triples demonſtrations tendent toutes à vne ſeule demonſtration de l'étenduë du iour.

Apres

III.

Apres que nostre Gnomonique a fait ses efforts pour rendre des deuoirs de Religion à la tres Auguste Trinité, dont ce College porte le titre glorieux depuis son institution, il estoit iuste qu'elle fit paroître en caracteres de lumieres la sage conduite de nôtre incomparable Monarque dans le Temple de la Sagesse, où son nom est déja graué par tant de belles actions, & par les marques heureuses du plus glorieux de tous les Regnes, pour faire vn illustre crayon de l'Image la plus belle de la Diuinité? Pour faire la description de cette Image Diuine & Royale nôtre Gnomonique a suspendu en l'air trois grandes fleurs de Lys dorées, dont le Soleil fait tous les iours des Images sur les plans de nos Horloges. Elle a aussi representé vn bras armé, qui sortant d'vne nuë tient vn Sceptre fleurdelisé, dont l'extremité marque de son ombre sur vn globe la route du Soleil, & de la Lune, dans vne Sphere qui represente la leur. Elle a aussi fait sous l'Embleme d'vn Hercule Gaulois, qui soûtient le Ciel le tableau de nostre illustre Monarque. Ce sont les traits de la nature, de l'art & de la fable qu'elle a empruntez pour

pour acheuer ce tableau, dont voicy l'explication plus exacte & plus particuliere.

Les fleurs de Lys suspenduës en l'air comme si elles estoient enuoyées du Ciel, nous renouuellent la memoire du present que Dieu fit à la France, quand il fit porter par vn Ange les fleurs de Lys au premier de nos Rois tres Chrestiens pour en composer son blason. L'Ancienne deuise de ce present & de celuy de la Sainte Ampoule, nous explique en vn seul mot l'excellence de cette grace singuliere, & quand nous lisons autour de nos Fleurs de Lys ce mot ΑΝΩΘΕΝ nous n'apprenons pas seulement que c'est d'en haut qu'elles nous ont esté données, mais encore que c'est du mesme lieu que nous est venu le plus aymable & le plus grand de tous les Roys veritablement *Dieu-Donné*.

Ioannes Ferrand. Epinicion pro liliis.

Si ces fleurs de Lys sont dans vne méme éleuation, & dans vne ligne parallele, c'est pour montrer l'égalité des trois qualitez Royales, qui font toute la grandeur de nos Roys, à sçauoir, la Pieté, la Iustice, & l'Authorité, qui sont également grandes dans sa Majesté : ce sont ces trois perfections incomparables, qui arrondissent le cercle de sa couronne, & le font respecter de tous les Peuples.

Le

Le mouuement de l'ombre de ces fleurs de Lys tend de l'Orient à l'Occident, comme celuy de l'Astre qui les éclaire & s'étend dans vne carriere lumineuse qui nous apprend que nôtre inuincible Monarque portera ces fleurs victorieuses de l'Orient à l'Occident, & leur donnera vne étendue semblable à celle des rayons du Soleil.

Enfin comme il n'est rien de plus brillant, que les rayons du Soleil, qui sont receus par les ouuertures, qui percent ces trois fleurs de Lys, pour porter ces mesmes rayons sur les plans de nos Montres, de mesme il n'est rien qui paroisse auec plus d'éclat aux yeux de tous les Peuples, que les rayons de gloire que sa Majesté a receus de ses Augustes Ayeux pour les transmettre à sa posterité.

Il faut encore obseruer que ces trois rayons receus par les trous de ces fleurs de Lys, marquent sur la muraille trois sortes d'heures ; à sçauoir les heures Françoises, les heures nouuelles Lionnoises, & les heures Babyloniques, qui commencent au leuer du Soleil. Tous ces traicts de Gnomonique ne tendent qu'à vous faire voir que les rayons qui partent des fleurs de

Lys

Lys brillantes de l'éclat que leur donne sa Majesté, comme le Soleil de l'estat, font les heures fortunées de la France & de Lyon, & doiuent en aller faire vn iour de plus heureuses à l'Orient.

Puis qu'il est vray selon les principes de la Gnomonique, que le bout du style d'vne Montre Solaire tient le lieu du centre de la terre qu'il represente, & dans lequel tous les rayons du Soleil se vont croiser pour delà passer iusqu'au plan des Horloges, & marquer par leurs proiections sur ce plan les mouuemens reglez du Soleil, nostre Gnomonique ne pouuoit mieux placer le centre du rayon du Soleil, qu'au bout du Sceptre Royal, qui sort de la muraille de nostre Horloge dont il est le style mesme, pour marquer par ce Symbole illustre, que tous les rayons de la plus heureuse fortune se croisent sur le bout du Sceptre du Roy comme dans le centre du bonheur de l'Vniuers, & que c'est ce Sceptre qui fait les heures fortunées de la France. C'est à l'ombre de ce Sceptre, que nous reposons agreablement sous le plus doux de tous les Regnes, puis que c'est vn Sceptre d'or, & d'amour, & non pas vne verge de fer & de rigueur. Il est neantmoins soutenu par vn bras armé qui se rend redoutable aux ennemis, aussi est-ce d'vne nüe que ce bras semble sortir, pour signifier qu'il n'est aucun foudre si redoutable que ce bras quand il est armé pour la defense de ses droits.

S'il vous est facile de conceuoir que l'Hercule, qui porte le Ciel est l'Embleme des Souuerains, & celuy de nôtre Monarque dont les soins sont infatigables; la massüe fleurdelyzée est vn mystere qui demande en mesme temps & vos yeux, & vos reflexions. C'est cette massüe, qui a dompté tant de Monstres, & qui les dompte tous les iours. C'est elle qui vient de renuerser tant de Temples aux portes de Geneue, que ses murailles en ont esté ébranlées. C'est aussi de cette massüe que l'Heresie receura le coup mortel qu'elle a merité depuis si long temps.

Le premier coup de marteau que ce Prince tres Chrestien donna luy-mesme ces iours passez pour abbatre le Temple que l'Heresie auoit dressé dans Dunquerque, ne prouue-t'il pas assez que ce Mõstre ne sçauroit plus resister à vne main si puissante, qui n'a commencé de luy donner ce coup fatal, que pour acheuer vne si glorieuse

rieuse entreprise. Ne merite-t'il pas apres ce coup l'Illustre nom de Martel, aussi bien que ce braue qui l'acquit à la deffaite des ennemis de Dieu. Ne deuons nous pas adjoûter doresnauant aux Eloges de *Pacifique d'Auguste*, & de *Dieu-Donné* celuy de Louis Martel? Et n'est ce pas à iuste titre, qu'il peut retenir la massue de la deuise de son inuincible Pere, en changeant seulement le temps, & au lieu de son *Erit* dire *Fuit hæc quoque cognita Monstris*.

IV.

Vn Sage se plaignoit autrefois de l'iniustice des hommes, qui écriuoiét les iniures qu'ils receuoient sur le marbre & sur l'airain, & les bienfaits sur le sable & sur la poudre, pour effacer aussi facilement le souuenir de ceux cy, qu'ils auoient de soin de conseruer la memoire de celles là. Nostre Gnomonique est plus reconnoissante, & ce n'est qu'en traits de lumiere, qu'elle a marqué les graces qu'elle a receües pour les rendre plus sensibles, & pour en renouueller le souuenir à toutes les heures du iour. Toutes les lignes qu'elle a tracées ne tendent qu'à ce dessein. C'est pour ce sujet qu'apres auoir donné les marques de ses respects enuers notre incomparable Monarque elle a reüny tous ses traits, & toutes ses lumieres pour témoigner sa reconnoissance à l'illustre maison de Villeroy, dont les Armoiries posées sur toutes nos portes, dans la voute de nôtre Eglise, & iusques sur nos Autels publient déja hautement les obligations que toute nôtre Compagnie & ce College en particulier ont à toute cette Famille. En effet cette Academie ne leur doit pas moins ses progrez, & ses accroissemens, que le premier lustre qu'elle a eû sous leur heureux Gouuernement. S'ils ont tiré nos murailles des ruïnes, & des cendres où vn triste incendie les auoit reduites. C'est sur l'exemple de ce Sage Ministre d'Estat à qui nôtre Compagnie doit en partie son rétablissement en ce Royaume. Aussi nous fut-ce vn bon-heur singulier, que tandis que les langues de tous les Peuples faisoient auec des soûpirs l'Eloge funebre de ce grand Homme, on n'en voulut point choisir ailleurs que parmy nous, pour couronner en public la memoire de tant de Vertus. Rome entra dans les mesmes sentimens que toute la France, & si les langues, qui pronõcerent son Eloge furẽt differẽtes dãs des lieux si éloignez elles furẽt animées

animées d'vn même cœur & d'vn même ſentiment de reconnoiſſance. Le ſang qu'vne ſource ſi pure a fait couler iuſques à nous, conſerue ces impreſſions obligeantes & genereuſes dont nous reſſentons tous les iours de ſi beaux effets.

C'eſt ce qui a obligé nôtre Gnomonique d'inuenter de nouueaux traits pour marquer auec plus d'eclat le merite de ces illuſtres Bien-faiteurs, & quoy que nous ne ſoyons plus en ces ſiecles de fables & de chimeres, où l'on faiſoit ſeruir les Aſtres à la reconnoiſſance des bienfaits publics, en leur donnant les Noms des Heros, nous auons voulu que le Soleil fut luy-même l'interprete de la nôtre, en marquant des heures nouuellement inuentées ſur l'vne des faces du Temple de la Sageſſe.

C'eſt par trois Horloges nouueaux placez dans le milieu de la face dediée au myſtere de la Trinité, & ſous le Soleil du milieu, que nous auons voulu donner des marques publiques de nôtre gratitude.

La plus haute de ces trois Montres marque des heures nouuelles, que nous contons depuis le coucher du crepuſcule, comme les Italiens content les leurs depuis le coucher du Soleil. Ces nouuelles heures sont marquées dans le Ciel par 24. lignes, qui ne sont pas veritablement circulaires, mais seulement cycloïdes, & qui diuisent tous les paralleles du Soleil en 24. parties égales, en commençant la diuision depuis les poincts ausquels ces paralleles coupent le cercle Almicantarath des crepuscules du soir parallele à nôtre horizon, & distant de nôtre horizon de 18. degrez, comme les heures Italiques sont marquées dans le Ciel par 24. demy cercles parfaits, qui diuisent tous les paralleles du Soleil en 24. parties égales, en commençant la diuision depuis les poincts ausquels ces mémes paralleles coupent la partie Occidentale de nôtre horizon. Ces mémes heures nouuelles sont marquées sur le plan de nôtre Horloge par des lignes courbes, à l'extremité gauche desquelles l'on void écrits les chiffres 1. 2. 3. 4. 5. 6. 7. & à l'extremité droite 18. 19. 20. 21. 22. 23.

Ces lignes courbes par les premieres chiffres marquent combien il reste d'heures iusques au coucher du crepuscule, lors que le rayon qui passe par le trou du Soleil du milieu suspendu en l'air tombe sur ces lignes, comme aussi ces mémes lignes courbes

courbes marquent par les ſecondes chifres combien d'heures ſont écoulées depuis le plus prochain crepuſcule du ſoir, lors que le rayon qui paſſe par le trou du méme Soleil tombe ſur ces mémes lignes.

Nous auons donné à ces heures nouuelles le Nom d'heures de Villeroy, *Horæ nouæ Villaregiæ*. Parce qu'en deuant receuoir vn pour être diſtinguées de toutes les autres, il falloit leur donner celuy de nos deux illuſtres Gouuerneurs, ſous qui elles ont été inuentées dans vne Ville qui reconnoit que c'eſt à leur ſage conduite qu'elle doit les plus belles heures de ſon têps. Auſſi comme ces heures nouuelles étendent le iour artificiel au delà des limites ordinaires que le coucher du Soleil luy marque, & compoſent vn autre nouueau iour artificiel, qui commence où le iour artificiel que les heures ordinaires compoſent finit, nous apprenons que les deux Aſtres, qui nous éclairent font naître par leurs aſpects vn nouueau iour, lors que le iour du bon-heur ordinaire de pluſieurs autres Villes ſemble finy.

Nous le viſmes durant cette nuict horrible

rible de troubles & de desordres, qui enueloppa la France d'étranges tenebres sous la minorité de son Monarque. Cette Ville ne perdit rien de son repos, & à la faueur des lumieres de ces deux Astres, elle reconnut tousiours son Soleil pour le suiure sans iamais s'éloigner de luy.

Le iour que nos heures de Villeroy composent, commence quand les hommes se disposent au repos, sur la fin du iour commun pour nous faire voir que la vigilance de nos Gouuerneurs fait vn nouueau iour à cette Ville par ces veilles laborieuses qui conseruent nostre repos, & font le bon-heur, & la tranquillité de toute cette Prouince; ce sont toutes ces reflexions qui nous ont obligé de donner le nom d'heures de Villeroy à ces heures nouuellement inuentées.

Le iour artificiel que nous distinguons d'vne nuict entiere est composé de deux sortes de lumieres du Soleil, dont l'vne est formée par les premiers écoulemens de cét Astre & l'autre par les seconds. Les premiers composent la premiere partie du iour artificiel & les seconds la seconde. De méme les iours fortunez de la Ville de Lyon sont en ce temps composez de deux lumieres

lumieres qu'elle reçoit du Roy qui eſt ſon Soleil. La preſence de ce Monarque l'an 1658. fit la plenitude du iour par les effuſions de ſes rayons, & l'autre part de nos illuſtres Gouuerneurs, qui nous communiquent les autres rayons qu'ils reçoiuent eux-mémes de cét Aſtre de la Cour.

C'eſt pour ce ſujet que noſtre Gnomonique s'eſt efforcé de tracer ſur le méme plan où elle a décrit les heures de Villeroy, des lignes propres à marquer l'Economie de la ſeconde lumiere du Soleil, qui compoſe le Crepuſcule, & la ſeconde partie du iour, pour former par ces mémes lignes vn Embleme de ces ſecondes lumieres que la Ville de Lyon reçoit de ſon Soleil, par le moyen de ſes incomparables Gouuerneurs.

Pour executer ce deſſein nous auons tracé ſur le plan de noſtre Montre des heures de Villeroy, ſix bandes alternatiuement blanches & bleuës. Entre ces bandes il y en a vne bleuë plus large que toutes les autres de la meſme couleur, ſur l'vn des bords de laquelle eſt écrit vn grand I auec trois gros points en cette ſorte I. . . qui ſignifient vne heure & trois quarts pour faire connoître, que lors que le rayon du Soleil receu par le trou du Soleil suspendu tombe sur ce bord, & le parcourt, le crepuscule du soir & du matin dure precisément vne heure & trois quarts. Sur l'autre bord de la mesme bande nous auons écrit cette note II. pour signifier que lors que le mesme rayon parcourt cét autre bord, les crepuscules du soir & du matin durent precisement deux heures.

Apres cette bande bleüe suit en descendant vers le bas de la Montre vne bande blanche, sur le bord de laquelle nous auons marqué vn gros point . par lequel nous auons voulu signifier que lors que le rayon du Soleil se trouue sur ce bord, le crepuscule dure vn quart par dessus deux heures. Apres cette bande blanche suit vne autre bleüe, sur le bord de laquelle nous auons marqué deux gros points, qui signifient que le crepuscule est augmenté iusqu'à deux heures & demy quand le rayon du Soleil va sur l'extremité de cette bande. Ainsi en suite vous verrez ∴ pour trois quarts par dessus deux heures & enfin III qui signifient que les crepuscules sont de trois heures.

Il faut aussi considerer vne bande blanche plus large que toutes les autres, & mise

mise au dessus d'elles,& sur laquelle est tirée vne ligne ponctée auec ces deux mots *Statio Crepusculi*, pour faire connoître que tandis que le rayon du Soleil tombe dans quelque endroit que ce soit de ce grand espace ; les crepuscules demeurent sensiblement dans vn mesme estat, sans croître ny decroître, d'où il suit que pendant tout ce temps ils durẽt precisement à Lyon vne heure & trois quarts, parce que lors que le rayon tombe sur le bord le plus bas de cette grande bande, le crepuscule dure vne heure & trois quarts, comme nous l'auons marqué par cette note I... écrite sur ce bord. Enfin aprés que le rayon du Soleil est sorty de l'estendue de cette bande qui est la station des crepuscules, les crepuscules commencent à croître peu à peu iusqu'à ce qu'ils arriuent à la durée de deux heures entieres, à sçauoir quand le rayon tombe sur le bord le plus haut de la bande blanche sur le bord de laquelle nous auons marqué II

Au dessous de l'Horloge des Heures de Villeroy, nous en auons tracé vn autre d'vne nouuelle inuention, dans lequel le Soleil durant le iour nous montre par l'ombre d'vn style l'endroit du Ciel où la Lune se trouue alors ; & la Lune durant la nuict montre par l'ombre du mesme style le lieu du Ciel où le Soleil se trouue en mesme temps. Ces deux Astres que Dieu a fait les flambeaux du iour & de la nuict, & les Gouuerneurs illustres du monde sublunaire font vn si bel accord dans la distribution de leurs lumieres, & obseruent vne si parfaite harmonie dans tous leurs mouuemens, que le mouuement de l'vn fait la demonstration du mouuement de l'autre, & l'vn & l'autre se trouue present où il n'est pas par la presence de son compagnon; quoy que l'vn d'eux ayt esté establi pour regir le monde durant le iour, & l'autre durant la nuict, neantmoins l'ayde mutuelle qu'ils se donnent pour gouuerner leurs sujets donne toute l'efficace à leur Empire.

C'est cét accord merueilleux, qui nous exprime l'harmonie des mouuemens & des lumieres, qui partent de Monseigneur le Maréchal de Villeroy, & de Monseigneur l'Archeuesque, comme de deux Astres heureux, qui ont esté establis pour faire le bonheur de cette Ville par leurs aspects, & leur conduite.

Puis que la plus parfaite Politique a renfermé

fermé tout ce qu'elle a de lumieres dans l'esprit de ces deux illustres Freres auec tant d'auantage, qu'il n'est aucun de ceux qui ont l'honneur de les approcher, qui ne soit obligé de le publier, ne faut-il pas conclurre que l'Apogée où l'vn est arriué, est l'Apogée ou l'autre s'est éleué. Que le degré de Sagesse, où l'vn est paruenu, est la mesure & la manifestation du degré de Sagesse que l'autre possede, & qu'enfin l'on ne sçauroit voir la place que l'vn tient dans l'Estat, que l'on ne connoisse en mesme temps le rang que l'autre y occupe.

La Ville de Lyon est donc bien-heureuse en ce point, que ne pouuant pas joüir de la presence de Monseigneur le Maréchal que le Roy retient prés de sa personne pour se seruir de ses lumieres, & de ses sages conseils, elle le void present en Monseigneur l'Archeuéque, tout autant de temps que cét illustre Prelat la veut honorer de sa Presence. Aussi la Ville de Paris, qui souhaiteroit de posseder encor cét illustre Frere, dont elle admire la prudence & la conduite, le void tout entier en Monseigneur le Mareschal, comme si c'êtoit vn mesme Esprit qui animast ces deux Corps,

Comme toute la felicité du Monde elementaire dépend de l'harmonie auec laquelle les Astres meslent leurs lumieres pour faire par le meslange de leurs rayons des influences plus benignes, & plus actiues, de mesme le bon-heur de la Ville de Lyon dépend principalement des rayons de ces deux Astres, qui vnissent toutes leurs lumieres pour affermir nostre repos.

Genes. 1. L'vn des deux grands Astres du Ciel a été étably de Dieu pour presider au iour, & l'autre pour presider à la nuict, & aucun de tous ceux qui nous éclairent n'a receu ordre de Dieu de presider conioinctement au iour & à la nuict. Mais Dieu a reüny dans l'esprit de nostre Prelat tout autant de lumiere qu'il en falloit pour presider au iour & à la nuict des deux hemisphéres d'vn Gouuernement entier & vniuersel, c'est à dire pour gouuerner le Spirituel & le Temporel de la Ville de Lyon.

Quoy que tous les Astres ayent assez de lumiere pour vaincre toutes les tenebres de la nuict, il n'en est aucun, qui en ait assez pour soûtenir la presence du Soleil, & dont le Soleil cherche les approches pour se preualoir de sa lumiere, il est

vray

vray neantmoins, que les lumieres de Monseigneur le Maréchal sont si fortes que le Roy a vne satisfactiō extraordinaire de voir les brillants de l'Esprit de ce grand homme d'Estat, & le veut auoir aupres de soy pour se seruir de ses lumieres.

L'on ne sçauroit donc voir deux Astres, qui se manifestent plus parfaitement l'vn l'autre que ces deux illustres Freres. C'est aussi ce qui nous a obligé de mettre ces deux vers sur le plan de nostre Montre comme l'Ame de cét Embleme.

Absentem Lunam, Sol monstrat, Lunaque Solem,
Sic Neouillæi referunt se sidera Fratres.

Pour l'vsage de cét Horloge, & pour connoistre par la presence du Soleil le lieu où est la Lune dans le Ciel, & reciproquement par celle de la Lune, celuy où est le Soleil. Il faut considerer trois sortes de lignes dont cette Montre est composée pour autant de pratiques Gnomoniques. Les vnes sont droites, les autres courbes & composées de points noirs, & les dernieres courbes, & rouges. Les premieres sont les lignes des iours differens de la Lune marquez par des chiffres Romaines, qui sont écrites

écrites au bout de ces lignes. Les secondes sont les lignes horaires du Soleil, distinguées par des chiffres Arabiques noires, écrites aux extremitez de ces mesmes lignes. Les dernieres sont les lignes horaires de la Lune, distinguées par des chiffres Arabiques rouges, qui sont aussi écrites sur les extremitez de ces lignes. Cela estant remarqué vous connoistrez le lieu du Soleil, par le moyen de la Lune, & celuy de la Lune par le Soleil, en cette sorte.

Premierement dans la nuit lors qu'il fait Lune, si vous sçauez le cercle horaire auquel se trouue alors le Soleil, ce que vous pouuez apprendre par les Horloges qui sonnent, vous sçaurez aussi-tost quel est le iour de la Lune, en considerant entre les lignes ponctées qui sont les cercles horaires du Soleil, celle qui est marquée du chiffre de l'heure qui est alors, & remarquant dans cette ligne le point auquel elle est coupée par l'ombre du style la ligne du iour de Lune qui passe par ce point, ou qui luy est la plus proche, cette ligne vous donnera le iour de Lune que l'on conte alors. D'où vous voyez que cét Horloge fait l'office du Kalendrier perpetuel.

En

En ſecond lieu, ſi vous ſçauez d'ailleurs le iour de la Lune vous connoitrez tout auſſi tôt pendant la nuict quand il fait Lune ſur le plan de noſtre Horloge, le cercle horaire auquel la Lune eſt alors; ſi vous conſiderez la ligne du iour propre de la Lune, & remarquez attentiuement le point par lequel cette ligne eſt coupée par l'ombre du ſtyle ; la ligne horaire rouge qui paſſe par ce point, ou qui en eſt la plus voiſine vous marquera le cercle horaire où le Soleil eſt alors, c'eſt à dire quelle heure il eſt.

Pareillement pendant le iour quand le Soleil éclaire noſtre Montre, ſi vous ſçauez d'ailleurs le iour de la Lune vous ſçaurez ſans difficulté dans quel cercle horaire du Ciel la Lune ſe trouue alors, en conſiderant la ligne du iour propre de la Lune, & remarquant ſoigneuſement dans cette ligne le point auquel elle eſt coupée par l'ombre du ſtyle; la ligne horaire ponctée qui paſſe par ce point, où qui en eſt la plus voiſine marque le cercle horaire auquel la Lune ſe trouue alors.

Noſtre Gnomonique ne pouuant aſſez reconnoître les bienfaits que ce College reçoit tous les iours de l'Illuſtre Maiſon de Villeroy apres auoir inuenté de nouuelles Heures à qui elle a donné le nom de cette Famille, & auoir fait vn crayon des lumieres mutuelles & reciproques par lesquelles Monseigneur le Maréchal, & Monseigneur l'Archeuesque se representent l'vn l'autre, elle a voulu faire encor vn troisiéme effort pour faire vn Image de leur Gouuernement.

C'est pour ce sujet que nous auons fait vne troisiéme Montre sur vn grand Globe terrestre, porté par vn Atlas & diuisé en deux Hemispheres, dont l'vn qui regarde la Terre, porte des lignes qui marquent les éleuations du Soleil sur l'horizon de Lyon, & est placé sous l'ombre d'vn bâton de Maréchal semé de fleurs de Lys sur vn fond d'azur, qui fait l'office du style, & en mesme temps vn Embleme de la Iustice de Monseigneur le Maréchal, auec cette deuise.

Non Iustior alter.

L'autre Hemisphere, qui regarde le Ciel porte des lignes nouuelles qui marquent l'Economie de la distribution de la lumiere du Soleil, l'égalité auec laquelle il éclaire tous les climats, la constance auec laquelle

laquelle il donne le iour à tous les pays qu'il viſite, & enfin les limites reglées, qui diuiſent tous les iours l'Hemiſphere du iour d'auec l'Hemiſphere de la nuit.

Tous les traits de la premiere partie de cét Horloge tendent à faire voir la Iuſtice, & l'équité conſtante auec laquelle Monſeigneur le Maréchal de Villeroy Gouuerne cette Prouince & cette Ville & tous les traits de la ſeconde partie expriment l'ordre admirable de la Iuſtice, de la Charité, & du zele de Monſeigneur l'Archeuéque dans la conduite de ſon Dioceze.

Le bâton de Maréchal qui ſert de ſtyle à nôtre Montre, marque de l'extremité de ſon ombre auec vne parfaite iuſteſſe dans tous les endroits où il porte la ligne de direction du rayon du Soleil, le lieu propre du Soleil dans le cercle de ſon éleuation, pour nous faire connoître la iuſteſſe auec laquelle Monſeigneur le Maréchal marque à tous les endroits de ſon Gouuernement où il porte les rayons de l'authorité, qu'il a receuë du Roy, le lieu & le rang que tient le Roy dans le cercle de la France, comme dans le cercle de ſon éleuation.

En second lieu, le mesme bâton de Maréchal marque par l'extremité de son ombre dans quel vertical de la Ville de Lyon se trouue le Soleil, lors qu'il éclaire la muraille; pour nous faire connoître que rien ne peut marquer plus exactement à la Ville de Lyon, la bonne posture en laquelle elle est dans l'Esprit du Roy, que l'ombre heureuse du bâton de Monseigneur le Maréchal.

En troisiéme lieu, l'extremité de la mesme ombre marque qu'elle est la Ville dans tout le Gouuernement qui se trouue alors auec la Ville de Lyon, sous le mesme vertical, pour nous faire entendre que cét incomparable Gouuerneur met toutes les Villes de son Gouuernement sous les mesmes aspects du Soleil de ce Royaume, sous lesquels il a placé auec tant d'auantage cette Ville.

En quatriéme lieu cette ombre montre le chemin qui tend droit à la Ville de Lyon, depuis la Ville du Gouuernement qui se trouue alors sous le mesme vertical auec la Ville de Lyon, pour faire cognoître à toutes les Villes du Gouuernement de Monseigneur nôtre Gouuerneur, que le chemin le plus court qui les peut conduire au terme de leur bon-heur, c'eſt celuy qui leur eſt marqué par ſa conduite. Mais afin que vous conſideriez auec plus de plaiſir tous ces Emblemes il en faut donner les vſages Gnomoniques.

Premierement, conſiderez dans l'Hemiſphere inferieur du globe porté ſur la teſte d'vn Atlas certaines lignes courbes, au bout deſquelles ſont les chiffres 10.20. 30. &c. qui marquent les degrez des éleuations du Soleil par-deſſus l'horizon, & remarquez quand le Soleil éclairera la muraille, ſur laquelle de ces lignes tombe l'extremité de l'ombre & cette meſme ligne vous marquera par vne chiffre le degré d'éleuation où le Soleil ſe trouue alors.

Secondement, imaginez-vous vne ligne verticale, qui paſſant par l'extremité de l'ombre du ſtyle eſt continuée iuſqu'au cordon de la muraille diuiſé par pluſieurs petits traits, que nous auons diſtinguez par les chiffres 95. 100. 105. &c. tous ces petits traits ſont les ſections du plan de noſtre Horloge, par les cercles verticaux de la Ville de Lyon, & par conſequent ſi vous remarquez bien le trait par où paſſe la ligne verticale, que nous vous auons fait imaginer, la chiffre propre de ce trait vous fera connoître en quel vertical de la Ville de Lyon le Soleil se trouue alors.

Troisiémement apres auoir reconnu la chiffre du vertical où le Soleil se trouue alors, vous ietterez les yeux sur tous les noms des Villes du Gouuernement que nous auons écrites sur le plan de cette Montre, auec la chiffre du cercle Vertical de la Ville sous lequel chacune de ces Villes est posée, & vous connoîtrez aussi-tôt par ces chiffres quelle est la Ville du Gouuernement, qui se trouue alors sous le vertical, sous lequel la Ville de Lyon se trouue en mesme temps, ou pour le moins qui en est la moins éloignée.

En dernier lieu apres auoir reconnu par cette methode la Ville qui se trouue alors sous vn mesme vertical auec la Ville de Lyon: Imaginez-vous vne ligne droite horizontale tirée depuis le point de la muraille qui est éleué verticalement sur le bout de l'ombre du style, iusques au bout du style; Ie dis que cette ligne tend directement à la Ville du Gouuernement laquelle se trouue alors sous le mesme vertical auec la Ville de Lyon.

Comme

Comme la fin du Gouuernement temporel eſt la felicité temporelle des Peuples, la fin du Gouuernement Spirituel eſt la felicité qui regarde le Ciel & l'Eternité. C'eſt pourquoy ſi ces deux Gouuernemens compoſent la Sphere du Gouuernement, conſideré dans toute ſon eſtenduë l'Hemiſphere de ce globe qui regarde la terre, doit eſtre l'Embleme du premier, & celuy qui regarde le Ciel le Symbole du ſecond. Il falloit donc que dans ce globe que nous auons mis ſur le dos d'vn Atlas pour faire l'Image du Gouuernement, nous fiſſions vn ſecond tableau du Gouuernement de Monſeigneur l'Archeueſque apres auoir fait l'Image de celuy de ſon illuſtre Frere.

Pour entrer dans le ſens de cét Embleme vous prendrés garde à trois ſortes de lignes tracées ſur l'Hemiſphere d'en haut, dont les vnes ſont les cercles horaires qui s'entrecoupent tous au pole de noſtre globe & diuiſent l'Equateur en 24. parties égales pour les 24. heures du iour, dont vous remarquez les chiffres écrites ſur ces meſmes lignes. Les autres ſont les cercles paralleles de l'Equateur, qui paſſent par le Zenith de diuers pays depuis l'Equateur

iuſques

iusques au Pole. Les chiffres que nous auons écrit à l'extremité de ces paralleles vous feront connoître les degrez de latitude des pays par où ils passent.

Les troisiémes sont des lignes droites, qui se croisant toutes au point du vray Orient de la Ville de Lyon, coupent en certains points les cercles horaires & les paralleles du globe. Ces dernieres lignes que la Gnomonique n'auoit pas encor proiettées, sont les proiections veritables de certains grands cercles, que nous appellons les horizons de la lumiere, qui passent tous par le point du vray Orient de la Ville de Lyon, lors que le Soleil est arriué au Meridien de cette Ville. Nous auons écrit à l'extremité de ces lignes les lettres initiales des mois de l'année, pour faire connoître quelle est la situation de l'horizon de la lumiere sur le globe terrestre au commencement de chaque mois, lors que le Soleil est dans le Meridien de Lyon. Si vous voulez donc sçauoir auec quelle mesure le Soleil distribue sa lumiere à tous les climats de la terre en quelque iour de l'année que ce soit; par exemple au premier iour de Ianuier vous considererez la ligne horizontale de la lumiere à l'extre-

mité

mité de laquelle vous verrez écrite la lettre initiale du mois de Ianuier, & vous remarquerez les cercles horaires differents, qui paſſent par les points auſquels cette ligne coupe les paralleles du Globe. En ſorte que le cercle horaire qui coupe vn parallele, au point auquel l'horizon de la lumiere du premier iour de Ianuier, coupe ce meſme parallele, eſt le cercle de l'heure à laquelle ſe leue à ce iour le Soleil dans tous les pays de ce parallele.

2. En ſecond lieu, l'arc de ce parallele intercepté entre l'horizon de la lumiere de ce iour, & le Meridien de Lyon fait la moitié de ce meſme iour pour tous ceux qui habitent ce parallele.

3. En troiſiéme lieu, au meſme moment auquel le Soleil arriue au Meridien de Lyon, le Soleil commence à paroître à tous les Pays du Globe Terreſtre, par leſquels cette ligne horizontale paſſe; il vous ſera donc facile de connoître par toutes ces lignes. I. l'Economie de la lumiere du Soleil, ſur toute la terre dans tous les iours de l'année. 2. Le leuer & le coucher du Soleil dans tous les endroits de la terre. 3. La durée de tous les iours, & de toutes les nuicts dans toutes les parties du Monde, &

enfin toutes les proportions des accroisse-mens, & des decroissemens des iours & des nuits pour tous les lieux de la Terre, & pour tous les iours de l'année.

C'est là le grand Embleme de la conduite que Monseigneur l'Archeuéque exerce dans son Dioceze. Car l'Orient de la lumiere qui commence dans tous les Pays de la Terre, par lesquels passe la ligne horizontale de la lumiere marquée dãs nôtre Globe, au moment que le Soleil arriue au Meridien de Lyon, nous fait cõnoître auec plaisir l'Orient du bon-heur, qui a cõmencé de se produire dans toutes les parties de ce Dioceze, déslors que nôtre grand Prelat a commencé de s'esleuer dans Lyon au Meridien de sa dignité Archiepiscopale.

2. Quand nous faisons voir sur nôtre Globe l'égalité de la lumiere que le Soleil cõmunique à toutes les parties de l'Hemisphere lumineux, tracé par la ligne horizõtale de la lumiere. Nous voulons montrer cette égalité de bonté, d'amour, & de zele auec laquelle Monseigneur nôtre Prelat regarde toutes les parties de son Dioceze. Cette vicissitude de iours & de nuits que nôtre Globe represente, partagée par toute la Terre auec tant d'ordre & de iustesse, qu'il

qu'il n'est aucune partie dans tout le globe terrestre à laquelle le Soleil ne se communique tout autant que si cette partie estoit l'vnique objet, & le terme de ses communications nous fournit vne parfaite idée de cette bonté, auec laquelle Mr. nostre Prelat se communique à chaque partie de son Diocese, comme s'il n'auoit que celle là seule à gouuerner. Il n'est pas moins obligeant que cét astre, qui répand aussi liberalement ses lumieres sur les terres steriles & sablonneuses que sur les fertiles, & sur les vallées les plus basses, que sur les montaignes les plus hautes, ses soins s'abbaissent iusqu'aux plus petits auec vne facilité merueilleuse. La promptitude & la constance infatigable auec laquelle le Soleil visite tous les endroits du globe terrestre pour en chasser l'horreur & la nuict, ne marquent-elles pas aussi naïuement la diligence incroyable auec laquelle nostre Prelat visite sans se lasser, tous les endroits de son Diocese, pour en chasser les tenebres de l'ignorance, & tous les monstres des vices. Enfin cette route marquée dans nostre globe, que le Soleil tient toutes les années du tropique du Septentrion au tropique du Midy, pour faire par sa presence le bonheur des deux extremitez du globe de la terre nous marque aussi la route que nostre Prelat tient tous les ans de Lyon à Paris, & de Paris à Lyon, pour éclairer de ses lumieres ces deux grandes Villes.

V.

Les Bienfaits, dont la Ville de Lyon comble depuis long temps ce College, sont si publics, & partent auec vn cours si constant des mains de nos Illustres Magistrats, qu'ils demandent de nous vne reconnoissance publique, & éclatante. Il falloit donc que nostre Gnomonique les écriuit sur les murailles du Temple de la Sagesse auec les rayons du Soleil, ce bienfaiteur public, qui n'a de lumiere que pour en faire des profusiõs cõtinuelles. Car si cét astre n'acheue sõ cours chaque iour & chaque année, que pour le recõmencer par de nouuelles profusions de graces & de bienfaits, nos Magistrats ne font couler des graces sur nous, aux quatre quartiers de l'année, que pour les recommencer par vne suite continuelle de bienfaits & de faueurs.

Pour mieux executer ce iuste projet de nostre reconnoissance, nous auons voulu, que ces mesmes rayons marquassent sur le plan de nos Horloges, les caracteres glorieux

rieux de la ville de Lyon qui nous oblige tous les iours. Les caracteres du College de Lyon, qui veut rendre ſa reconnoiſſance publique, & les caracteres des bienfaits ſignalez que nous receuons continuellement d'vne Ville ſi magnifique. Tout ce que noſtre Gnomonique a tracé ſur cette premiere face du Temple de la Sageſſe, ſe reduit à ces trois points.

Le Blaſon de la Ville occupe le milieu de cette face où l'on void vn grand Lyon d'argent en champ de gueules, & trois fleurs de Lys d'or, ſuſpenduës en l'air comme en vn champ celeſte, pour faire le chef glorieux de ces mémes Armoiries, & autãt de ſtyles de nos montres Solaires. Ce ſont ces fleurs de Lys qui couronnent la fidelité de Lyon, & qui luy furent concedées par Philippe le Bel, comme le preſent le plus riche & le gage le plus beau, que cette Ville pût receuoir de ſes Monarques. Ce Lyon s'éleue vers ces fleurs de Lys auec vne generoſité qui montre aſſez, qu'il eſt preſt de ſe ſacrifier pour leur defenſe. Il eſt entouré de tous les ſignes du Zodiaque, qui luy font vne couronne de lumiere de tous leurs Aſtres vnis, mais il ſemble eſtre plus glorieux, & plus fier de la couronne des fleurs

fleurs de Lys que de celle de tous ces signes, quoy que nous luy ayons donné pour deuise.

Hæc me cuncta coronant.

C'est ce Lyon celeste, qui est la maison du Soleil au rapport des Astronomes, par ce que c'est dans ce signe, qu'il estale toute la pompe de ses rayons. C'est aussi cette Ville qui a le bonheur de pouuoir estre appellée la plus belle des Maisons du Soleil de la France, puis que c'est icy que la Paix dont il fait iouïr toute l'Europe fut heureusement conceuë. Enfin comme la plus belle des Estoiles est au sentiment de ces mesmes Astronomes, *le cœur du Lyon*, qu'on appelle par preciput *l'Estoile Royale*, c'est veritablemẽt le Cœur de nostre Lyon, qui est l'Astre le plus fidelle à son Roy, & le plus ardent à son seruice, c'est aussi ce cœur qui est demeuré ferme & vigoureux durant les troubles de l'Estat, & pendant que presque tous les membres du Royaume auoient receu des coups mortels, il taschoit encore de donner la vie à ces membres languissans par vne ardeur aussi genereuse que fidele.

La seconde deuise nous fait connoistre

que

que comme dans le Ciel, le ſigne de la Vierge eſt placé entre le Lyon & la Balance, la S. Vierge eſt auſſi la Mediatrice entre la Ville de Lyõ, & la Iuſtice de Dieu qu'elle a ſouuent appaiſée, témoin les riches Anathemes, qui reſtent encore dans la ſainte Chapelle de Lorette, qui montrent que c'eſt par l'interceſſion de cette Vierge que la Iuſtice Diuine a été appaiſée, & les fleaux de ſa Colere arreſtez. Auſſi cette Ville eſt en poſſeſſion d'être des plus deuotes à la ſainte Vierge, & d'en receuoir des graces particulieres, c'eſt ce qui nous a obligé de mettre ſur nôtre Lyon.

Inter me & Libram Virgo media.

Et de donner pour deuiſe reglée à cette Ville le ſigne du Lyon, auec ce mot.

Mihi proxima Virgo.

C'eſt auſſi dans cette Ville qu'a commencé le reſpect particulier enuers la Conception Immaculée, qui a merité de porter le nom de Pieté Lyonnoiſe, dans les eſcrits d'vn ſujet de ce College. Ce fut auſſi en cette meſme Ville, & durant le premier de ſes Conciles Generaux que fut ordonnée l'octaue de la Natiuité N.D. Enfin ſes Images poſées dãs tous les coins des

des ruës montrent assez que cette Ville luy est entierement consacrée, & ce College particulierement, où il y a cinq Congregations erigées souz cinq des mysteres de sa vie, la Conception, la Natiuité, l'Annonciation, la Purification, & l'Assomption, outre trois autres erigées en nos deux autres Maisons.

Au bas de ce grand Lyon, nous auons placé vn Hercule Gaulois, qui sur vn Globe Celeste qu'il soutient, porte vn Horloge des heureux Euenemens de Lyon, à qui vn Sceptre Royal sert de style pour apprendre que le bon-heur de cette Ville ne dépend pas moins de l'ombre de ce Sceptre que de la lumiere, & des influences des Astres, qui la regissent. Aussi quoy que nos peintres ayent fait tous leurs efforts, pour representer son histoire en Camayeux, rien ne la rend plus illustre que cette ombre, c'est ce que nous auons voulu exprimer par ce vers.

Vrbis fata stylo quis meliore notet?

Entre les Euenemens de cette Ville marquez sur le Globe Celeste, que nous faisons porter à l'Hercule Gaulois, nous auons particulierement marqué le iour auquel

quel ses Magistrats remirent ce College à la conduite des Peres de nôtre Cōpagnie, non seulement pour obliger le Soleil de nous en renouueller chaque Année le souuenir : mais encore pour faire connoitre à tout le mōde, combien nous sommes éloignez d'enseuelir cette faueur dans les tenebres de l'oubly, puis que nous la marquons auec des caracteres de lumiere: c'est des rayons de cét Astre que nous faisons des Diadémes à nos Bien-faiteurs, & ce ne nous est pas assez de leur offrir des guirlandes de fleurs ou des couronnes de Ache ou de Laurier, comme faisoient les anciēs, puis que c'est seulement à des graces passageres qu'il faut des couronnes de fleurs, qui commencent à mourir, auant qu'elles commencent à couronner.

Nous auons fait trois ouuertures dans les fleurs de Lys suspenduës, afin qu'elles receussent autant de rayons qui fissent en mesme temps le caractere du Mystere qui fait le titre de ce College, & portassent sur le Temple de la Sagesse, basty par nos Magistrats, vn tribut de lumieres sçauātes & reglées par la Gnomonique, pour courōner les bien-faits que nous receuons tous les iours. C'est pour ce sujet qu'elle a inuenté de nouuelles heures, pour leur donner le Nom de Lyonnoises, & reconnoître par cette inuention tant de nouuelles graces que nous receuōs tous les iours. Et certes, puis que les Babyloniens, & les Italiens ont donné le nom d'heures Babyloniques & Italiques à celles dont ils se seruirent les premiers, il étoit bien iuste que nous donnassions celuy de Lyonnoises à celles qui viennent d'être inuentées en cette Ville, en faueur de nos Magistrats, qui en sont de si heureuses à tous nos Citoyens par leurs soins & par leur vigilance.

Ces heures sont marquées dans le Ciel par 24. Cycloïdes, qui diuisent les paralleles que le Soleil parcourt tous les iours en 24. parties égales, en commençant la diuision depuis les points ausquels ces mémes paralleles sont coupez par le demy cercle Oriental de l'Almicantarath de l'Aurore, comme les nouuelles heures de Villeroy sont marquées dans le Ciel par tout autant de Cycloïdes qui diuisent les mesmes paralleles en 24. parties égales en commençant la diuision depuis les points ausquels ces paralleles sont coupez par le demy cercle Occidental de l'Almicantarath du crepuscule du soir.

Ces

Ces mesmes heures sont marquées sur le plan de nostre horloge par des lignes courbes marquées de ces chiffres I. II. III. IV. V. VI. qui marquent exactement les heures écoulées depuis le leuer de l'Aurore lors que le rayon du Soleil qui passe par le trou de la fleur de Lys du milieu tombe sur cette ligne. Ces lignes sont dõc vn symbole tres iuste de nostre reconnoissance, puisque nous voulons qu'elles enseignent à tout le monde, que nous cõtons les bienfaits que nous auons receu, non seulement depuis l'éclat & la splendeur de ce College, qui est vn des plus magnifiques de l'Europe, mais mesme depuis son aurore & ses premiers commencemens. C'est vne protestation que ce College fait par autant de symboles, qu'il y a dans nostre Temple de la Sagesse de Caracteres du mystere Auguste de la Trinité, qui fait son anciẽ titre. C'est aussi pour ce sujet que chacun des horloges de cette face destinée à nostre reconnoissance marque trois choses differentes, dont voicy les vsages.

Le Rayon du Soleil, qui passe par le trou de la fleur de lys du milieu marque 1. combien d'heures, l'on conte alors depuis le leuer de l'Aurore. 2. à quelle heure l'Aurore s'est leuée. 3. à quelle heure le crepuscule du soir doit finir. Les lignes courbes rouges seruent auec leurs chiffres pour marquer la premiere chose; les lignes courbes noires pour la seconde, par les chiffres qui sont écrites sur la plus haute extremité de ces mesmes lignes, & la troisiéme par celles qui sont écrites à la plus basse.

Le rayon du Soleil qui passe par le trou de la fleur de lys qui est à la droite marque pareillemēt trois choses chaque iour. 1. cōbien d'heures l'on conte alors depuis le leuer du Soleil. 2. à quelle heure il s'est leué. 3. à quelle heure il se doit coucher ce mesme iour. Les lignes droites seruēt auec leurs chiffres pour marquer la premiere chose; les lignes courbes pour la seconde par les chiffres écrites sur la plus haute extremité. Les mesmes lignes courbes seruēt encore pour marquer la troisiéme par les chiffres écrites sur la plus basse extremité des mesmes lignes.

Le rayon du Soleil, qui passe par le trou de la fleur de lys qui est à la gauche, marque aussi trois autres choses. 1. l'heure, le quart & la minute. 2. le iour auquel le Soleil entre dans le Tropique. 3. le iour auquel

quel le Soleil entre dans l'Equateur. Les lignes droites qui montent de la gauche à la droite, montrent les heures & les quarts. Les denticules, qui partagẽt les interualles des quarts montrent les minutes. Les deux lignes hyperboliques, qui terminent toutes les lignes horaires montrent l'entrée du Soleil dans les Tropiques, & enfin cette ligne qui trauerſe par le milieu toutes les lignes horaires montre l'entrée du Soleil dans l'Equateur.

Le bout de l'ombre proietté ſur le Globe qui ſert de plan au 4. horloge marque 3. choſes ſur ce meſme Globe. 1. En quel ſigne du Zodiaque, & en quel degré de ce ſigne le Soleil ſe trouue alors. 2. Le iour auquel eſt arriué quelqu'vn des Euenemens illuſtres de l'hiſtoire de Lyon marquez ſur 2. tables feintes de marbres aux coſtez de cet Horloge 3. le iour & l'âge de la Lune.

Pour bien conceuoir ces trois choſes, vous conſidererez 1. les lignes courbes hyperboliques tracées ſur ce Globe, dont les vnes ſont plus groſſes que les autres, les autres plus menuës. Les premieres repreſentent les commencemens des douze ſignes du Zodiaque, dõt les caracteres propres ſont marquez ſur les meſmes lignes.

Les ſecondes diuiſent chaque ſigne en ſix interualles égaux, en ſorte que chacun de ces interualles vaut cinq degrez. Si vous obſeruez donc en quel endroit du globe tombe le bout de l'ombre du Sceptre, vous conoîtrez auſſitoſt le ſigne & le degré du ſigne où le Soleil ſe trouue alors.

Si vous conſiderez en ſecond lieu le caractere du ſigne & le chiffre du degré du ſigne qui eſt écrit ſur les bords des deux tables de marbre où ſont marquez les euenemens de l'hiſtoire de Lyon, vous connoîtrez quand l'ombre tombera ſur le meſme degré du ſigne marqué ſur le globe, qu'à tel iour ſe fit cét euenement dans la Ville de Lyon.

Les Euenemens qui ſont marquez dans ces tables ſont ceux cy.

Concilium I. Lugdunenſe initum 1245.
Concilium II. Lugdunenſe initum 1274.
S. Bonauentura obiit Lugduni 1274.
Vnio Eccleſiæ Orient. cum Occident. 1274.
Clemens V. Coronatus Lugdun. 1305.
Lugdunum annexum Franciæ per Philippum pulchrum 1312.
Immunitates nundinarum conceſſæ 1419.
Sacrum reſtitutum Lugdun. celebrante P. Edmundo Augerio Soc. IESV 1563.

Collé

Collegium Trinit. PP. Soc. Traditum 1565.
Consulum numerus ad quaternarium redactus 1595.
B. Franciscus Salesius obiit Lugd. 1622.
Basilica Vrbis fundata 1640.

Apres tout cela, il faut considerer sur ce Globe deux lignes courbes tirées de la gauche du Globe à la droite, sur l'vne desquelles paroît vn Soleil, & sur l'autre vne Lune. La premiere represente le cercle deferent du Soleil, & la seconde celuy de la Lune. La premiere étant diuisée par les paralleles qui passent par les differẽts degrez des signes du Zodiaque, vous fera cõnoître en quel degré de l'Ecliptique le Soleil se trouue chaque iour, le second diuisé par les mesmes paralleles & distingué par certains gros points, que nous appellons les points Lunaires, vous fera cõnoitre le iour & l'âge de la Lune en la maniere qui suit.

Apres que vous aurez appris par la premiere pratique de cét Horloge, le signe & le degré du signe auquel le Soleil se trouue, vous remarquerez ce mesme degré sur le deferent de la Lune, & conterez combien il y a de degrez depuis ce degré, iusqu'au plus prochain poinct Lunaire, allant de la droite à la gauche, & donnant

cinq

cinq degrez à chacun des interualles qui diuisent ce deferent. Si vous ajoutez à tout ce nombre celuy de l'Epacte courante de la Lune, le nombre qui en sera produit vous donnera le iour & l'âge de la Lune. Vous vous seruirez de cette pratique tout le temps que les iours croissent: mais quād ils décroissent vous considererez au lieu des deux deferents du Soleil, & de la Lune deux autres lignes courbes qui descendent du plus haut iusqu'au plus bas du Globe & se croisent sur le milieu de ce mesme Globe. L'vne de ces lignes fait tout ce temps l'office de deferent du Soleil, & l'autre de deferent de la Lune, & ayant remarqué sur ces mesmes lignes certains gros poincts, qui sont les poincts Lunaires, vous connoîtrez le iour & l'âge de la Lune, en remarquant comme cy-dessus le degré du signe auquel le Soleil se trouue, & contant depuis ce degré iusqu'au plus prochain poinct Lunaire le plus haut, combien il y a de degrez en donnant cinq degrez à chaque interualle, & ajoutant à ce nombre de degrez celuy de l'Epacte courante de l'année, vous aurez le iour & l'âge de la Lune.

F I N.

qui
out
de
uit
ne.
out
ad
ieu
une
ent
&
lo-
nps
de
ur
ts,
oi-
ar-
gne
de-
ain
y a
ha-
e de
an-
ne.

www.ingramcontent.com/pod-product-compliance
Ingram Content Group UK Ltd.
Pitfield, Milton Keynes, MK11 3LW, UK
UKHW021145260726
13994UKWH00001B/312